내가 고통당할 때
하나님 어디 계십니까?

WHERE IS GOD WHEN IT HURTS?
by Philip Yancey

Copyright ⓒ 1977 by Philip Yancey
Originally published by Zondervan, Grand Rapids, MI 49546, USA.

This Korean edition copyright ⓒ 1981, 1997, 2002, 2010, 2025
by Word of Life Press, Seoul, Republic of Korea.
Published by arrangement with HarperCollins Christian Publishing, Inc.
through rMaeng2, Seoul, Republic of Korea.
All rights reserved.

이 한국어판의 저작권은 알맹2를 통하여 HarperCollins Christian Publishing, Inc.과
독점 계약한 생명의말씀사에 있습니다.
신저작권법에 의하여 한국 내에서 보호받는 저작물이므로 무단전재와 무단복제를 금합니다.

내가 고통당할 때 하나님 어디 계십니까? (뉴에디션)

ⓒ 생명의말씀사 1981, 1997, 2002, 2010, 2025

1981년 10월 10일 1판　1쇄 발행
1997년　7월 20일 2판　1쇄 발행
2001년　6월 25일　　　4쇄 발행
2002년　2월 15일 3판　1쇄 발행
2009년 11월 25일　　 11쇄 발행
2010년　6월 25일 4판　1쇄 발행
2024년　7월 10일　　 11쇄 발행
2025년　5월 26일 5판　1쇄 발행 (뉴에디션)

펴낸이 | 김창영
펴낸곳 | 생명의말씀사

등록 | 1962. 1. 10. No.300-1962-1
주소 | 서울시 종로구 경희궁1길 6 (03176)
전화 | 02)738-6555(본사)·02)3159-7979(영업)
팩스 | 02)739-3824(본사)·080-022-8585(영업)

기획편집 | 유영란, 장주연
디자인 | 이규리
인쇄 | 영진문원
제본 | 다온바인텍

ISBN 978-89-04-16919-1 (03230)

저작권자의 허락 없이 이 책의 일부 또는 전체를
무단 복제, 전재, 발췌하면 저작권법에 의해 처벌을 받습니다.

내가 고통당할 때

필립 얀시
이영희 옮김

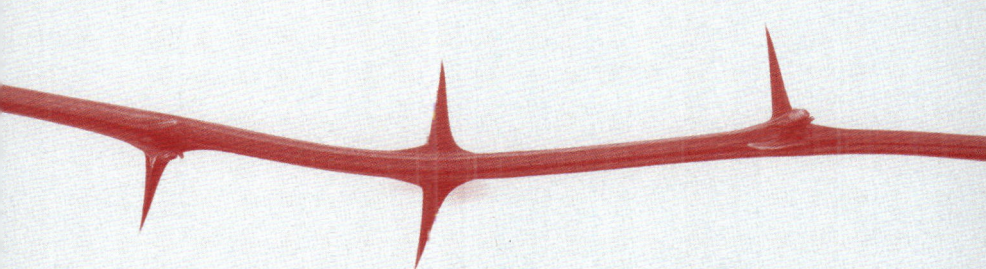

하나님 어디 계십니까?

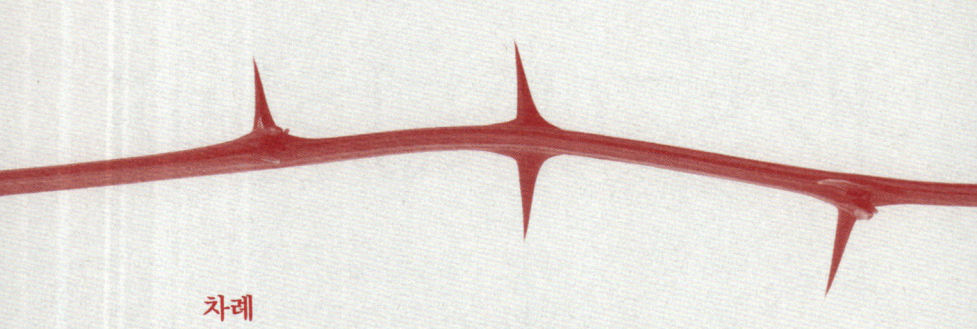

차례

1. 고통보다 더 끔찍한 고통의 이유   7

Part 1 _ 왜 고통이 존재할까?

2. 필요하지만 아무도 원치 않는 선물   21
3. 고통이 없기 때문에 힘든 사람들   35
4. 하나님의 확성기로서 고통의 가치   43
5. 가장 깊은 차원의 고통과 즐거움의 관계   57
6. 변덕스럽고 불공평해 보이는 하나님   73

Part 2 _ 고통을 만났을 때 사람들은 어떻게 할까?

7. 고통에 반응하는 서로 다른 태도   99
8. 기적을 굳게 믿는 확고한 믿음   121

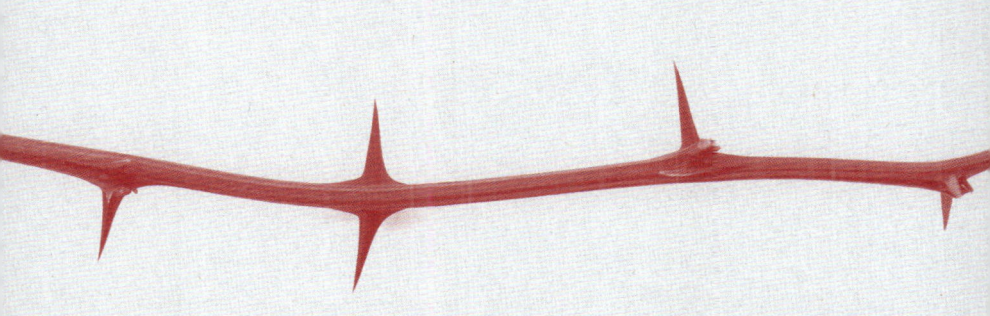

9. 고통 너머의 새롭고 놀라운 삶   137
10. 고난에 성공적으로 대처한 사람들   157

Part 3 _ 어떻게 고통에 대처할 수 있을까?

11. 절망으로 인도하는 두려움과 무력감   173
12. 두려움과 무력감을 없애는 특별한 방법   181
13. 결코 혼자가 아닌 고통의 순간들   199
14. 실수투성이 인간을 끝까지 믿는 믿음   215
15. 절대로 실수하지 않으시는 하나님   225

주   242

하나님은 어디에 계시는 걸까?
이것은 우리를 근심케 하는 가장 큰 문제 중 하나다.
당신이 행복할 때,
너무 행복해서 하나님이 필요하다는 느낌조차 갖지 못할 때,
그럴 때 찬양하며 그분께 나아간다면
두 팔 벌려 환영을 받을 것이다.
그러나 당신의 필요가 절박할 때,
다른 모든 도움이 소용이 없을 때 그분께 나아간다면
무엇을 발견할 수 있을까?
당신의 면전에서 문이 쾅 닫히고
다음엔 빗장을 거는 소리와 또 한 번 안에서 문을 잠그는 소리가 난다.
그런 후에는 정적이 흐른다.
이제 당신은 돌아서는 편이 낫다.

-『헤아려 본 슬픔』(*A Grief Observed*),
C. S. 루이스(C. S. Lewis)

1

고통보다 더 끔찍한 고통의 이유

나는 큰 고통 가운데 있는 사람들 곁에서 무력감을 느낀다. 솔직히 말해서 죄의식을 느낀다. 그들은 신음하면서, 고통에 일그러진 얼굴로 홀로 누워 있다. 내게는 그들과 나 사이에 놓인 장벽을 넘어 그들의 고통 속으로 들어갈 방법이 없다. 할 수 있는 일이라고는 고작 지켜보는 일뿐이다. 내가 무언가를 말해 보려고 한다면, 마치 학생 시절 연극 대사를 외우듯 힘없고 뻣뻣한 소리만 나올 것 같다.

몇 년 전 가까운 친구인 존과 클라우디아 클랙스톤(John and Claudia Claxton) 부부로부터 매우 다급한 요청을 받았다. 이십 대 초반의 신혼 부부였던 그들은 중서부에서 결혼 생활을 시작하고 있었다. 사실 존 클랙스톤은 차갑고 냉소적인 사람이었는데 클라우디아와 교제하는 2년 동안 낙천주의자로 바뀌었다.

존에게서 온 편지를 뜯자마자 나는 걱정이 되었다. 편지는 평소 그의 단정한 필적을 찾아볼 수 없을 정도로 마구 휘갈겨 있었다. 그는 추신에, "난필을 용서하십시오. … 아마 적당한 말을 찾지 못해서일 겁니다. 어떻게 말해야 할지 모르겠습니다"라고 적었다. 클랙스톤 부부는 너무 큰 장애물과 정면충돌했다. 클라우디아가 임파선 암에 걸려 살 가능성이 절반밖에 안 된다는 것이었다.

일주일 만에 의사들은 그녀의 겨드랑이부터 복부까지를 절개하고 암의 모든 흔적을 제거했다. 그녀는 넋이 나간 사람처럼 맥없이 병원 침대에 누워 있었다. 당시 존은 한 지방 병원 원목의 조수로 일하고 있었는데, 다른 환자들을 향한 그의 동정심은 위험할 만큼 싸늘해졌다. 그는 이렇게 말했다.

"한편으로는 다른 환자들이 당하고 있는 고통을 좀 더 이해할 수 있었어요. 하지만 전 더 이상 관심이 없었습니다. 오직 클라우디아만 걱정됐습니다. 난 그들에게 소리치고 싶었어요. '그만 훌쩍거려, 이 바보들아! 너희들만 문제가 있는 줄 알아? 내 아내는 지금 당장 죽을지도 모른단 말이야!'"

존도 클라우디아도 신실한 그리스도인이었으나 하나님을 향한 원망은 어쩔 수 없었다. 그들을 향해 도전해 오신, 그들이 너무나 사랑하는 하나님을 향한 원망이었다. "하나님, 우리를 놀리실 작정으로 고작 결혼 1년 만에 이런 일을 주시는 겁니까?"

수술 후의 치료 과정은 클라우디아의 몸을 더 못쓰게 만들었다. 그녀에게서 아름다움은 자취를 감추었다. 지쳐 기진한 그녀의 피부는 거무튀튀해지고, 머리카락은 빠지고, 목 부위는 항상 퉁퉁 붓고 살갗이 벗겨져 있었다. 게다가 목이 너무 부어올라 음식물을 삼킬 수 없어 거의 토해 버렸기에 의사들은 당분간 치료를 보류하기로 했다.

클라우디아는 날마다, 특히 치료실 안에 있을 때 하나님에 대해서 그리고 자신의 고통에 대해서 생각해 보았다. 차갑고 고요한 방 안에서 그녀는 자기 위에서 보이지 않는 미립자들을 쏘아 대는 기계의 윙윙거리는 소리를 들었다. 방사선 치료를 받는 하루하루는 마치 수개월의 세월이나 되는 것처럼 그녀의 몸을 노화시켰다.

판에 박힌 위로들

처음에 클라우디아는 문병객들이 자기를 위안하고 위로해 줄 것으로 기대했다. 그러나 그들에게서 들려오는 소리는 너무도 혼란스러웠다.

같은 교회에 다니는 한 집사님은 하나님이 그녀에게 가르쳐 주고자 하시는 것이 무엇일까를 잘 생각해 보라고 진지하게 말해 주었다.

"틀림없이 당신의 생활 가운데 하나님을 슬프시게 하는 부분이 있을 겁니다. 분명 어느 지점에선가 하나님의 뜻에서 벗어났을 거예요. 이런 일들은 우연히 일어나지 않습니다. 하나님이 당신에게 무엇을 말씀하고 계신다고 생각하세요?"

또 하루는 어떤 부인이 찾아와 자신은 환자들을 전문적으로 위로하는 일을 한다고 소개했다. 그녀는 꽃을 가져오고, 찬송가를 부르고, 큰물이 박수하고 산악이 함께 즐겁게 노래하는 등 명랑한 내용의 시편들을 인용했다. 간혹 클라우디아의 병이 언급될 때면 재빨리 주제를 바꾸었다. 그녀의 방법은 격려와 선의로써 고통을 몰아내는 것이었는데, 클라우디아에게 치유만이 유일한 해결책이라고 말했다.

"질병은 절대로 하나님의 뜻이 아닙니다. 성경도 그렇게 말합니다. 마귀가 역사하는 중이며, 하나님은 당신이 치유될 것이라는 충분한 믿음을 가질 때까지 기다리고 계십니다. 클라우디아, 믿음은 산을 옮길 수 있어요. 암도 거기에 포함된다는 것을 기억하세요. 당신이 치유될 것을 진심으로 믿으면, 하나님은 당신의 기도에 분명 응답하실 거예요."

그 후 며칠 동안 클라우디아는 그 황막한 치료실에서 그야말로 믿음을 '끌어모으려' 애썼다. 하나님이 그녀를 고쳐 주실 수 있다는 충만한 믿음은 갖고 있었다. 그렇지만 자기의 믿음이 진실되고 강한지를 어떻게 하나님 앞에 증명해 보일 수 있을지는 알 수 없었다.

믿음은 근육처럼 운동을 통해서 늘릴 수 있는 것이 아니었다. 그것은 교묘히 빠져나가는, 붙잡기 어렵고 다루기 힘든 것이었다. 믿음을 지속적으로 유지하는 일은 혼신의 힘을 뽑아내듯 피곤한 일이었으며, 클라우디아는 어떻게 그 일을 시작해야 할지 도무지 갈피를 잡을 수도 없었다.

또 한번은 클라우디아가 다니는 교회에서 가장 성령 충만하다는 부인이 찾아와서 "범사에 하나님을 찬양하라"는 주제를 다룬 책들을 큰 소리로 읽어 주었다.

"클라우디아, 당신은 이렇게 고백해야 해요. '하나님, 저를 이처럼 고통받게 하시니 하나님을 사랑합니다. 이것은 하나님의 뜻입니다. 하나님은 저에게 가장 좋은 것이 무엇인지 아십니다. 그리고 저는 이런 경험을 허락하실 만큼 저를 사랑하시는 하나님을 찬양할 뿐입니다. 범사에 그리고 지금의 이 고통까지도 저는 감사합니다'라고 말이에요."

이 말을 생각해 보는 동안 클라우디아의 마음은 소름 끼치도록 무섭고 잔인한 하나님의 모습들로 가득 찼다. 그녀는 무력한 인간들을 손아귀에 잡아 쥐어짜고 주먹으로 부수어 가루로 만들며, 날카로운 돌에 내던지는 데 재미를 느끼는, 우주만큼이나 거대한 거인의 모습을 상상했다. 그 형상은 인간들이 "하나님, 저를 이렇게 고통스럽게 하시니, 저는 하나님을 사랑합니다!"라고 소리쳐 부르짖을 때까지 그들을 괴롭히는 일을 계속하고 있었다. 클라우디아는 낙담했다. 그녀는 그런 하나님을 경배하거나 사랑할 수 없었다.

클라우디아가 다니는 교회의 담임목사는 그녀가 특별한 사명을 수행하고 있다는 느낌을 주었다. 그는 말했다.

"클라우디아, 당신은 그리스도의 고난에 참여하고 있습니다. 당신은 그분을 위해 고난당하도록 지명된 것이며, 그분은 당신에게 상을 주실 것입니다. 하나님이 마치 욥을 택하신 것처럼, 당신의 능력과 성실함 때문에 당신을 택하신 것입니다. 그리고 하나님은 당신을 하나의 모델로 사용하고 계십니다. 당신의 반응을 통해 다른 이들의 믿음이 커질 수 있습니다."

어떤 때는 일종의 자기 연민과 같은 방식으로, 특별한 권리를 부여받은 순교자가 된다는 생각이 클라우디아의 마음을 감동시켰다. 그러나 통증이 심해지거나 음식물을 고통스럽게 토해야 할 때 그리고 외모가 추하게 변화되어 갈 때마다 클라우디아는 이렇게 부르짖곤 했다.

"하나님, 어째서 저를 택하셨습니까? 저보다 더 강하고 더 훌륭한 그리스도인들이 수없이 많은데요. 그들 중에서 택하실 수는 없었습니까?"

그리스도인의 잘못된 견해

나 역시 병중에 있는 클라우디아를 방문했다. 그녀는 나에게, 문병 온 그리스도인들이 자기에게 남겨 놓고 간 충고 꾸러미들을 되풀이하여 말해 주었다. 나는 갈팡질팡하는 그녀의 반응에 귀를 기울였다. 그녀는 자기가 어떤 종류의 교훈을 배워야 하는지 알지 못했다. 어떻게 더 큰 믿음을 가질 수 있는지도 몰랐다. 그러나 한 가지 사실만은 확실히 알고 있었다. 그것은 존과 함께하는 그녀의 행복한 세계가 무너져 가고 있다는 것 그리고 무엇보다도 그 행복이 끝나기를 원치 않는다는 것이었다.

나는 그녀 옆에 건강하게 서 있는데, 그녀는 병원 침대에서 신음하고 있어야 하는 것은 어째서일까? 그리스도인으로서 내가 덧붙일 수 있는 새로운 충고는 무엇일까? 병원 복도 사이를 떠도는, 고통받는 이들에게 전해지는 판에 박힌 충고들을 들으면서 내 안에서 무언가 몸서리치는 것이 있었다.

그래서 나는 클라우디아와의 만남[1]과 그녀와 비슷한 다른 이들과의 만남을 통해 하나의 탐구를 시작했는데, 이 탐구는 수년 동안 지속되어 결국 이 책으로 나오게 되었다.

나는 고통당하고 있는 이들에게 그리스도인들이 줄 수 있는 한 가지 메시지를 찾아봤다. 그리고 내가 만일 고통당하는 자라면 나 자신의 믿음을 강하게 할 수 있는 메시지가 무엇일지 추적해 왔다. 우리가 고통당할 때 하나님은 어디 계신가? 그분은 우리에게 무엇을 말씀해 주시고자 하는 걸까?

독일 출신의 목사요 신학자인 헬무트 틸리케(Helmut Thielicke)는 미국을 두루 여행하는 중에 "미국 그리스도인들의 가장 큰 결함이 무엇이라고 생각하는가?"라는 질문을 자주 받았다. 이에 대해 그는 "그들은 고난에 대해 잘못된 견해를 갖고 있는 것 같다"라고 대답했다. 나도 그의 의견에 동의한다. 이 결함은 기독교를 믿지 않는 사람들 사이에서 특히나 거대한 오점으로 부각되어 있다.

나는 대학생들에게 "기독교를 비난하는 이유가 무엇인가?"라고 질문했는데, 대부분이 "고난"이라는 주제에 대하여 여러 형태로 거듭해서 말했다.

"나는 아우슈비츠와 북아일랜드 분쟁을 허용하는 하나님을 믿을 수 없다." "내 여동생은 그리스도인들이 기도했음에도 불구하고 백혈병으로 죽었다." "지난밤에도 전 세계의 삼분의 일이나 되는 사람들이 굶주린 채 잠자리에 들었다. 이런 현실이 어떻게 기독교의 사랑과 조화되는가?"

"고통"이라는 주제를 다루는 책들을 읽으면서 내가 발견한 사실은, 많은 위대한 철학자들이 다른 면에서는 기독교 원리와 윤리에 동조하면서도, 고통과 고난의 문제에 와서는 비틀거리다가 결국 기독교를 거부했다는 것이다.

조드(C. E. M. Joad)는 이렇게 썼다.

> 내가 종교적 우주관을 그토록 강하게 비난해 온 논거는 무엇인가? … 첫째로, 고통과 악에 의해 제시된 난점이었다.[2]

버트런드 러셀(Bertrand Russell)과 볼테르(Voltaire) 같은 다른 철학자들도 조드가 가졌던 불평을 똑같이 토로한다.

고통과 고난이라는 복잡한 문제는 우리가 그것을 학문적으로 설명하여 해결해 보려는 시도와 상관없이 계속해서 나타난다. 심지어 현 세기에 그에 대해 가장 명석한 설명을 내놓은 C. S. 루이스(C. S. Lewis)까지도, 아내의 몸이 암에 공격당하는 것을 지켜보며 자신의 이론이 그 의미를 상실해 가는 것을 절감했다. 루이스는 "당신이 믿는 것이 무엇이든, 그것이 생사의 문제가 되기 전까지는, 당신이 그것을 얼마만큼 진정으로 믿는지 결코 알 수 없다."라고 말했다.

필립 얀시의 접근 방법

나는 이 책에서 철학자들을 대상으로 말하지 않을 것이다. 나보다 더 많이 훈련받은 사람들이 이미 그 일을 해놓았다. 그보다 나는 병원 침대에 누워 있는 친구 클라우디아 클랙스톤의 모습을 내 앞에 간직하고자 노력했다. 우리가 가진 고통과 관련된 문제들 대부분은 머릿속에서만 일어나는 싸움이 아니다. 그 문제들은 바로 클라우디아에게서처럼 쓰라린 국구명, 신혼에 드리운 죽음의 그림자, 젊음의 상실, 미지의 것들에 대한 질식할 듯한 공포로 나타난다.

이 책을 준비하면서 나는 우리 대부분이 경험하게 될지도 모르는 고통보다 훨씬 더 심각한 단계에서 고통당하고 있는 사람들과 이야기를 나눴다. 그들 중에는 고통이 삶 그 자체인 경우도 있었다. 고통은 아침에 그들을 반기는 최초의 감각이요, 그들이 잠으로 떠밀려 들어가기 전에 느끼는 최후의 감각이었다. 독자들은 이 책에서 그들을 깊이 있게 만나게 될 것이다.

또한 나는 한센병 환자들과도 시간을 함께 보냈는데, 그들은 아이러니하게도 생리적 감각 면에서 고통을 느낄 수 없기에 도리어 그럴 수 있기를 간절히 소원하는 이들이었다.

혹여 내가 병에 걸린다면, 그때는 지금 나누는 고통에 대한 이 모든 말이 아무런 위안이 되지 않을 수도 있다. 그러나 한 사람의 그리스도인으로서, 하나님이 이 세상에서 도대체 무엇을 하시려는지를 헤아려 보는 일을 통해 나는 많은 것을 배웠다. 하나님을 향한 나의 분노와 비통함은 왜 그분이 상처받아 피 흘리는 이 세상을 허용하시는가를 깨닫게 되었을 때 가라앉았다.

몇 가지 커다란 철학적 질문들은 다루지 않은 채로 두려고 한다. 즉 "어떠한 형태로 악이 세상에 들어왔는가?", "왜 고통은 그렇게도 불공평하게 분배되는가?", "자연재해들은 어째서 일어나는가?" 등에 대해서는 다루지 않을 것이다. 그 대신 나는 고통받는 이들의 세상에서 그리스도인이라는 사실이 어떤 차이를 만들어 내는지를 알기 위해 그 세상 한가운데로 들어갈 것이다.

우선, 고통을 현미경을 통해 생물학적으로 관찰하여 그것이 인생에서 어떤 역할을 하는지 알아볼 것이다. 그 후에는 "하나님이 과연 무엇을 하시려는가?"를 질문하면서, 우리가 살고 있는 이 행성을 전체적으로 살펴볼 것이다.

고통은 과연 하나님의 실수인가?

그 지점에서 나는 몇몇 예외적인, 주목할 만한 인물들을 찾아가 고통에 대한 그들의 반응을 물을 것이다. 그리고 마지막으로 나는, 내가 고통당할 때 그리고 고통당하는 다른 이들에게 줄 수 있는 적절한 반응이 무엇인지를 스스로에게 물을 것이다.

Where is GOD when it hurts?

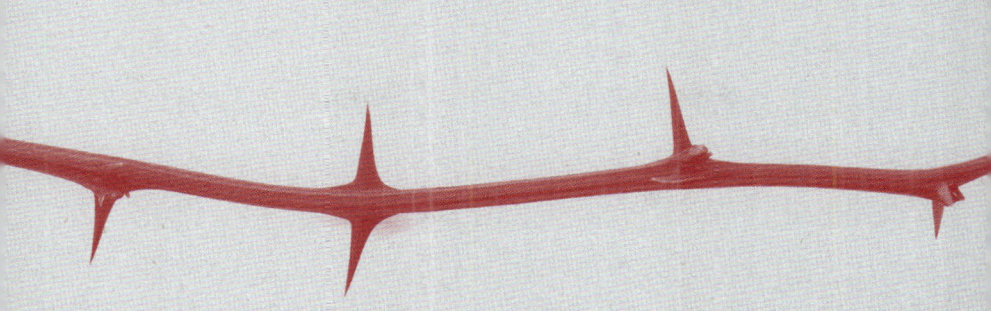

Part 1
왜 고통이 존재할까?

고통을 만드신 하나님께 감사하라!
나는 그분이
그보다 더 좋은 일을 하실 수 있었다고는
생각하지 않는다.

- 폴 브랜드(Paul Brand)

2

필요하지만 아무도 원치 않는 선물

나는 지금 시카고의 화려한 오케스트라 홀에 앉아 있다. 베토벤(Beethoven)과 모차르트(Mozart)의 연주곡까지는 즐겼지만, 길고도 복잡한 프로코피예프(Prokofiev)의 협주곡은 좀 다르다. 늦은 아침 식사를 소화시키려고 온몸의 피가 위장 쪽으로 몰려가고 있기에 졸음을 참기가 더 힘들어진다.

음악은 점점 더 머나먼 곳에서 들리는 하나의 희미한 음조로 융화되어 가고 내 눈꺼풀은 저절로 감긴다. 주위를 둘러보니 벌써 졸고 있는, 잘 차려입은 청중이 다수 보인다. 그래서 나도 오른팔로 턱을 괴고 나무 의자의 팔걸이 위에 팔꿈치를 올린다. 음악은 희미해진다. … 텅! 내 사지가 사방으로 뻗쳐진다. 주위에 앉은 사람들이 모두 내 쪽으로 목을 내밀고 눈을 부릅뜬 채 쳐다보고 있다. 내 코트는 바닥에 떨어져 있다. 놀라고 당황한 나는 얼른 코트를 주워 놓고 자세를 고쳐 앉아 음악에 집중하려고 애쓴다. 머릿속에서 혈관이 쿵쿵 뛰고 있다.

　무슨 일이 일어났을까? 내가 꿈나라로 빠져드는 동안, 내 몸은 나를 보호하기 위해 일하던 중이었다. 머리가 끄덕끄덕 아래로 처지자 팔이 갑자기 경련을 일으켜 쭉 뻗쳐졌고, 머리는 위로 곤두섰고, 온 몸이 흔들렸다. 이 모든 동작은 순전히 내가 다치지 않도록 보호하기 위한 내 몸의 충실한 노력이었다. 내 귓속에서, 액체로 차 있으며 초감각적인 털들이 나 있는 두 개의 주머니가 평형에 위험이 발생했음을 감지했던 것이다.

　머리가 아래로 처져 팔걸이에 부딪힐 뻔한 순간에, 내 속귀는 초비상 경보를 울렸다. 사지가 놀랄 만한 속도로, 극적으로 반응했기 때문에 나는 다치지 않을 수 있었다. 이 모든 복잡한 조치는 내가 잠 속으로 빨려 들어가는 동안에 이루어졌다.

위험 탐지 장치

　고통 감각 기관들은 정확하게 활동한다. 그것들은 다가오는(아니면 현재 당면하고 있는) 위험을 경고해 준다. 고통스런 감각이 내 몸으로 하여금 문제 지점에 집중하여 거기에 반응하도록 작용한다. 때로 이 반응은 거의 무의식적이다. 예를 들면, 검사를 받으러 의사에게 갔을 때 의사가 고무망치로 무릎을 탁 치면 다리가 세차게 앞으로 뻗쳐지는 식이다. 의사의 자극이 어떤 위험을 내포한 것인지 알기 때문에 그러한 자동 반응이 일어나는 것이다.

의사의 고무망치는 만일 내가 걷고 있을 때 갑자기 무릎이 꺾인다면 영향을 받게 될 바로 그 신경을 때린다. 내가 넘어져서 더 큰 고통을 당하지 않도록 내 몸은 급히 대처한다. 이 반응은 너무도 무의식적이고 빨라서, 두뇌로 하여금 '실제로는 넘어질 위험이 없다'는 사실을 추리할 여유를 주지 않는다.

그리스도인들은 고통을 해석하는 법을 정말 모르고 있다. 만일 그들을 어느 순간에 궁지에 몰아넣어 다그친다면, 아마도 대다수가 "고통은 하나님이 행하신 실수"라고 말할 것이다. 하나님은 좀 더 노력해서 세상의 위험들에 대처할 더 나은 방법을 발명하셨어야 했다고 말이다.

나는 고통이 악평을 받고 있다고 확신한다. 그러나 우리는 고통을 통한 유익을 볼 수 있어야 한다. 내가 왜 이렇게 생각하는지 궁금한가? 그것은 현미경 아래 놓여 있는 고통망(pain network)이 완전히 다른 양상을 나타내고 있기 때문이다. 우리 몸의 고통망은 창조의 천재가 만든 걸작이다.

고통에 대한 나의 의견은 인간의 몸을 살펴보는 데서부터 시작한다. 왜 나의 몸에는 고통이 필요할까? 내가 다쳤을 때 고통은 내게 무엇을 말해 주는가? 고통받는 사람들에게 주의를 돌리기 전에, 먼저 현미경으로 들여다보듯 자세히 관찰하며 시작해 보겠다.

고통을 재창조하려는 노력

고통망의 놀라운 효과에 대해서 내가 가장 크게 감명을 받은 것은 루이지애나주 카빌의 폴 브랜드(Paul Brand) 박사[1]를 만났을 때였다. 그는 내가 만난 이들 가운데서 유일하게 고통의 편에서 고통의 유익을 주장한 인물이다. 브랜드 박사는 주저 없이 이렇게 선포했다.

"고통을 만드신 하나님께 감사하라! 나는 그분이 그보다 더 좋은 일을 하실 수 있었다고는 생각하지 않는다. 고통은 실로 아름다운 것이다."

브랜드 박사가 이 같은 판결을 내리는 데 적격인 까닭은 바로 그가 신경 조직을 공격하는 '한센병'에 관한 세계 최고 전문가 중 한 사람이기 때문이다.

고통에 대한 브랜드 박사의 찬양은 상당액의 기금을 받고 '인공 고통 신경 조직'을 고안하기 위한 연구에 착수한 직후부터 시작됐다. 그는 고통 감각 기관을 파괴하는 질병에 걸린 사람을 돕기 위해 마치 창조자처럼 생각하며 그 연구에 몰두했다. 전자 공학 교수 세 명, 생의학 공학자 한 명, 생화학자 몇 명을 채용한 후 그는 개발에 착수했다.

우선 연구진은 손가락 끝에 낄 수 있는 장갑같이 생긴 하나의 인공 신경을 개발했다. 이 신경은 경고 신호를 보내는 전류를 통해 압력에 반응했다.

5년간 브랜드 박사 팀은 기술적인 문제들을 해결하기 위해 필사적으로 매달렸다. 그런데 연구하면 할수록 과업은 더욱 복잡해져 갔다.

"감각 기관은 어느 단계에서 경고를 울려야 하는가? 난간을 붙잡는 정상적인 압력과 가시덤불을 움켜쥐는 압력의 차이를 어떻게 구별할 수 있는가? 감각 기관은 어떻게 테니스 경기 같은 격렬한 동작은 허용하면서 동시에 위험에 대해서는 경고해 줄 수 있는가?"

한편 브랜드 박사는 신경 세포들이 신체의 요구에 응하기 위해 그들의 고통 지각력을 변화시킨다는 사실을 발견했다. 세균으로 염증이 생긴 손가락 끝은 고통에 대해 정상 상태보다 열 배나 민감해질 수 있다. 부어오른 손가락이 거북하게 느껴지는 이유가 바로 그 때문이다. 신경 세포들은 '볼륨을 높여서', 평소라면 무시할 정도의 충돌과 마찰에까지 그 범위를 확대하는데, 연구 기금이 풍부한 이들 과학자도 현재의 기술로는 인체의 묘기를 결코 복사해 낼 수 없었다.

모든 인공 감각 기관은 파손되기 쉬웠고, 수백 번 사용 후에는 액화나 부식으로 인해 과열되거나 질이 저하되었다. 달을 거듭할수록 브랜드 박사와 동료들은 인체 고통망의 비범함에 감사하게 됐다.

강인한 피부, 예민한 피부

인간의 육체를 한번 자세히 살펴보면, 브랜드 박사의 연구진이 착수한 도전이 얼마나 엄청난지를 엿볼 수 있다. 여기에서 참고해야 할 내용은 이들 연구진은 오직 신체의 표면, 즉 몸의 골즈 위에 펼쳐

져 있는 연하면서도 강인한 피부 조직만을 대상으로 삼았다는 사실
이다.

　피부는 은혜롭게도 그 표면 전체에 수백만 개의 고통 감각기를 갖
고 있다. 그러나 그것들은 여기저기 흩어져 있지 않고, 가장 필요한
부위에 정확하게 분포되어 있다.

　과학자들은 눈을 가린 사람이 자기 앞에 다가오는 물체를 인식하
는 데 정확히 어느 정도의 압력을 필요로 하는지를 측정하는 기술을
개발했다. 그 정도를 '촉감의 절대역치'(자극을 감지할 수 있는 최소 강도)라고
하는데, 그램(gram, g) 단위로 측정된다.

　내 혀끝은 단 2그램의 가압도 느낄 수 있다. 손가락도 엄청나게 예
민해서 단 3그램의 압력을 감지할 수 있다. 그러나 보다 감지력이 덜
한 피부 부위들은 그 정도의 민감도를 필요로 하지 않는다. 손등은
12그램의 압력부터 알아차리며, 팔뚝의 뒷면은 33그램의 압력에서
비로소 반응한다. 발을 구르고 무게를 지탱하는 등 매일 혹독한 운동
을 감당하고 있는 발바닥은 250그램 이상의 압력만을 감지할 수 있
다.[2] 이와 같이 손가락 끝이나 혀끝 같은 신체의 가장 민감한 부분들
은 깃털의 감촉까지도 감지할 수 있는 반면, 다른 부분들은 심한 압
력을 받고서야 비로소 비정상적인 활동을 두뇌에 보고하게 된다.

　고통의 절대역치를 측정하는 실험도 있다. 이 실험에서 과학자들
은 매우 예리한 바늘로 어느 정도의 압력을 가해야 고통을 느끼는지
를 측정했다. 다음의 수치가 앞의 '압력의 절대역치'와 어떻게 대조를
이루는지 주목해 보라.[3]

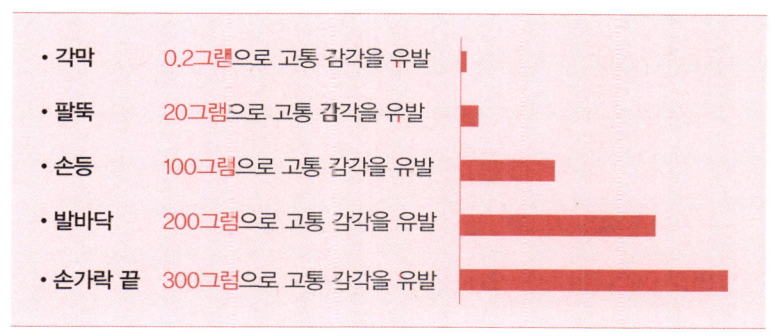

우리는 특히 손가락 끝에서 놀라운 차이를 볼 수 있다. 손가락 끝은 단지 3그램의 압력 차이도 알아차릴 수 있지만, 고통을 느끼기까지는 300그램의 압력이 있어야 한다! 왜 그럴까?

손가락의 활동을 생각해 보라. 음악회의 바이올린 연주자는 완벽한 음향과 음량을 만들어 내기 위해 놀라운 범위의 압력들을 느껴야 한다. 그릇 속에 손을 넣고 밀가루를 반죽하는 요리사는 실제로 물의 용량의 작은 변화도 느낄 수 있다. 만일 그가 능숙한 요리사라면, '끈적임' 혹은 농도에 단 2퍼센트의 차이만 생겨도 알아차릴 것이다. 또한 방직 공장의 섬유 감별사(cloth feeler)들은 촉감을 통해 직물의 질을 비교한다. 이런 이유로 손가락은 가장 미미한 촉감 차이에도 대단히 민감할 필요가 있다.[4]

그러나 그것으론 충분치 않다. 손가락 끝은 또한 격렬한 활동을 견딜 수 있도록 강인해야 한다. 못이 박이고 굳은살이 생긴 목수의 손이나 프로 테니스 선수의 손을 만져 보라. 만일 테니스 라켓을 잡을 때나 망치를 두드릴 때마다 매번 손가락 끝이 고통의 신호를 두뇌로 보낸다면 인생은 비참해질 것이다.

그래서 손가락 끝은 압력에는 엄청나게 민감하면서도 고통에는 비교적 둔감하게 창조된 것이다. 우리의 손과 손가락 끝은 신체에서 가장 많이 사용되는 부분으로, 날마다 성실히 일하고 있다.[5]

그러나 눈의 각막은 이와는 다른 생활상을 갖고 있다. 각막은 얇고 투명해서 매우 약하고 피의 공급도 제한되어 있다. 조그만 상처 하나도 눈을 멀게 할 수 있으며, 먼지 하나라도 눈에 들어가면 불편한 느낌을 준다. 따라서 각막의 고통 감각 세포들은 두뇌로 향하는 전기 신호 체계를 갖고 있으며, 이 신호 체계는 너무 반응을 잘해서 속눈썹 한 가닥에도 즉각적으로 성가시다는 느낌을 일으킬 정도다.

신체에 꼭 필요한 고통망

브랜드 박사 연구진은 피부를 위한 인공 고통망 하나를 고안하는 데도 엄청난 어려움을 겪어야 했다. 그런데 신체 내부는 이보다 훨씬 복잡하다.

피부가 견디는 고통을 측정하는 일은 핀으로 찌르거나 열을 가하는 등의 실험으로 가능하다. 그러나 그러한 실험은 독특한 고통 감각을 갖추고 있는 신체 내부 기관에는 별 효과가 없을 것이다. 피부가 베임, 화상, 압력 등의 모든 충격을 흡수하기 때문에, 신체 내부 기관들은 그처럼 복잡한 경계 체계 없이도 유지될 수 있다. 일단 피부를 통과하기만 하면, 위장을 불로 지지거나 뇌를 메스로 자르거나 신장을 터뜨려도 환자는 고통을 느끼지 않을 것이다. 왜냐하면 고통 방어 체계가 미약하기 때문이다. 신체 내부 기관들은 그런 위험을 당할 일이 거의 없는데, 피부와 두개골이 보호하고 있기 때문이다.

그러나 만약 의사가 위장 속에 풍선을 넣거나 위장을 약간 팽창시키려고 공기를 주입한다면, 곧장 고통 신호가 두뇌로 올라갈 것이다. 복통 혹은 가스로 인한 복부 팽만감이 그것이다. 위장의 고통망은 특별한 위험들에 반응하도록 고안되어 있다. 마찬가지로, 신장은 결석이 있을 때 고통 신호를 보낸다.

고통은 하나님의 커다란 실수나 때늦은 미봉책이 아니다. 오히려 고통은 정상 기능을 발휘하며 살기 위해서 꼭 필요하다. 앞으로 살펴보겠지만 고통이 없다면 우리 삶은 위험천만할 것이다. 그뿐 아니라 우리는 운동이나 취미 활동 같은 기본적인 즐거움도 모른 채 지내야 할 것이다.

그렇지만 꼭 아파야 할까?

신체를 연구하는 사람이라면 거의 누구나 신경 조직이 훌륭하게 설계되어 있다는 사실을 인정할 것이다. 그러나 다음과 같은 질문이 있을 수 있다.

"고통은 불쾌해야만 할까? 보호 체계는 물론 필요하지만, 그렇다고 꼭 아파야 하는 것일까? 날카로운 고통 신호가 뇌로 올라가 환자를 강타하는 경우는 어떤가? 하나님은 우리에게 경고할 다른 방법을 찾으실 수는 없었을까?"

브랜드 박사 팀은 인공 신경 세포를 고안하면서 이러한 질문들을 숙고했다. 오랫동안 그들은 보청기를 통해 소리를 보내는 방식을 활용했는데, 신경 조직이 위험에 직면하면 큰 소리로 경고음을 내게 하는 것이었다. 그러나 처음에 그 신호는 환자에게 위험에 적절한 반응을 이끌어 낼 만큼 충분히 불쾌하지 못했다. 즉 환자가 드라이버를 지나치게 세게 돌리는 것과 같은 일을 할 때, 그는 시끄러운 경고음에도 불구하고 참고 그 일을 계속하는 것이었다. 깜빡이는 불빛으로도 실험해 보았으나 같은 이유로 실패했다.

브랜드 박사는 결국 전기 충격이라는 수단에 의존하게 되었다. 위험에 대한 경고를 주는 것으로는 불충분해서, 어떻게든지 강제로라도 조치를 취하도록 만들어야 했기 때문이다. 즉 고통이 불쾌한 것과 마찬가지로, 그 자극도 불쾌해야만 했다. 브랜드 박사는 말한다.

"우리는 또한 그 경보 장치가 환자의 손이 닿지 않는 곳에 있어야 한다는 사실도 발견했습니다. 왜냐하면 똑똑한 사람들조차도, 만일 그들이 어떤 일을 하고 싶은데 그 동작이 전기 충격을 유발할 것 같으면 전원을 끄고 마음먹은 일을 해버렸기 때문이지요. 이를 통해 하나님이 고통을 우리의 접근 범위 밖에 두신 것은 얼마나 지혜로우신 처사인가를 생각했던 기억이 납니다."

5년간의 작업과 적지 않은 인력 투입 그리고 백만 달러 이상의 경비를 들인 후, 브랜드 박사와 동료들은 그 사업을 전부 접었다. 손 한

쪽에 해당하는 경계 조직 하나만도 엄청나게 고가일뿐더러, 빈번한 기계 고장도 그 원인이었다. 무엇보다 손이 만나는 수없이 많은 감각을 해석하기에 인공 조직은 절망적으로 부적합했다. 때로 '하나님의 큰 실수'라고 불리는 그 조직이 가장 정교한 기술진조차 흉내 낼 수 없을 정도로 복잡했던 것이다. 브랜드 박사는 "고통을 인하여 하나님께 감사하십시오!"라고 아주 진지하게 말했다.

단어의 정의로 보아도 고통은 불쾌하다. 우리의 손가락을 화구에서 되도록 멀리 떨어뜨릴 만큼 충분히 불쾌하다. 그러나 바로 이런 특성이 우리를 파멸로부터 구한다. 그 경계 신호가 없다면 우리는 거기에 주의하지 않을 것이다.

다리를 저는 관절염 환자나 죽음을 앞둔 말기 암 환자에게는 고통 없는 세상이 천국처럼 느껴지겠지만, 우리 대다수에게 고통망은 보호 임무를 수행해 준다. 그것은 때로 무시무시하기도 한 이 지구 위에서 삶을 지속시키기 위해 효과적으로 고안된 것이다.

그렇다면 고통은 하나님의 실수가 아니다. 고통은 하나의 선물, 그러나 아무도 원하지 않는 선물인 것이다. 고통이 없다면 우리의 삶은 학대와 끔찍한 파멸 앞에 무방비 상태로 드러날 것이다.

무엇보다도, 고통은 하나의 의사소통을 수행하는 고통강으로 간주되어야 한다. 고통은 우리 신체의 여기저기를 방어하고 보호하고자 하는 공통의 목표를 위해 그 모든 기관을 한데 묶고 연합시킨다.

나는 모든 고통이 좋은 것이라고는 말하지 않겠다. 때대로 고통은 인생을 비참하게 만든다. 그러나 그럴지라도, 고통은 보통 어떤 심각한 병에 대하여 강한 경계 신호를 주고 있다. 그리고 '고통이 하나의 선물'이라는 개념은, 적어도 고통과 고난에 대한 현실적인 조망을 시작할 수 있게는 해준다.

격심한 고통으로 인해 받는 감정적 충격은 고통의 고유 가치를 보지 못하도록 우리 눈을 멀게 한다. 내가 팔이 부러진 고통을 가라앉히기 위해 아스피린을 삼킬 때, 나는 보통 고통에 대한 감사를 잊는다. 그러나 바로 그 순간에도 고통은 상처 주위에서 감염 방어 체계를 동원하면서 그리고 내가 더 이상 상해를 입지 못하도록 막아 주면서 내 몸에서 위험에 대해 경고하고 있다. 고통은 나의 회복에 결정적인 요인이 되는 '주의 집중'을 요구하는 것이다.

Where is GOD when it hurts?

상처를 느껴 본 적이 없는 사람이
흉터를 조롱한다.

- 윌리엄 셰익스피어(William Shakespeare)

3

고통이 없기 때문에 힘든 사람들

우리는 보통 고통을 원치 않는다. 고통의 가치에 대한 의학적 지식을 갖는다고 해서, 그 지식이 '인생에 있어 고통이 반드시 필요하다'고 확신하게 해주지도 못한다. 그러나 몇 년 전의 여행을 통해 나는 고통에 감사하게 되었다.

그때 나는 고통을 옹호하는 운동가, 폴 브랜드 박사와 함께 한 주간을 보냈다. 브랜드 박사는 고통 감각망에 대해서 관심이 많았기 때문에 생의 대부분을 한센병 환자들과 함께했다.

'한센병'이라는 단어가 우리에게 주는 인상은 뭉뚝한 손가락, 짓무른 상처, 없어진 다리, 비뚤어진 얼굴 등과 같은 과장된 환상들이다. 『벤허』, 『빠삐용』 같은 소설과 영화들은 한센병[1]을 가장 잔인한 병 가운데 하나로 묘사했다.

한센병은 잔인하긴 하지만, 다른 질병들과는 다르다. 이 병은 손, 발, 코, 귀 그리고 눈의 고통 감각 세포들을 마비시키면서 주로 일종의 마취제로서 활동한다. 반면 대개의 질병들은 그 병들이 가져다주는 고통 때문에 두려움의 대상이 된다. 그렇다면 무엇이 이 고통 없는 질병을 그토록 끔찍하게 만드는 것일까?

수천 년 동안 사람들은 한센병이 손과 발과 얼굴에 궤양을 초래해 결국 살이 썩고 사지가 떨어져 나가게 한다고 생각했다. 그런데 브랜드 박사의 연구를 토대로 확립된 사실은, 한센병 환자의 99퍼센트는 단지 손과 발이 마비되었을 뿐이라는 것이다. 다시 말해, 조직이 파괴되는 유일한 원인은 고통의 경고 체계가 사라졌기 때문이며, 그로 인해 나타나는 증상이라는 것이다.

그렇다면 어떻게 살이 문드러지는 일이 일어날까?

아프리카나 아시아의 촌락에서 한센병에 걸린 사람을 알아보려면 누군가를 숯불 가운데로 직접 들어가 떨어진 감자를 주워 오도록 하면 된다고 한다. 한센병 환자의 신체에 있는 그 어떤 것도 그에게 숯불의 뜨거움을 경고해 주지 않는다.

인도에 있는 브랜드 박사의 환자들은 삐져나온 손톱으로 삽을 꽉 쥐고 하루 종일 일하거나, 맨손으로 활활 타고 있는 양초 심지를 끄거나 혹은 조각 난 날카로운 유리 위를 걸어 다니곤 했다. 그들을 바라보면서 브랜드 박사는 한센병이란 주로 감각을 마비시키는 병이요, 단지 간접적으로만 조직을 파괴시키는 병이라고 하는, 자신의 이론을 체계화했다.

한번은 브랜드 박사가 작은 창고의 문을 열려고 하는데 자물쇠가 녹슬어 애를 먹은 적이 있다. 그때 한 환자(체구가 작고 영양실조에 걸린 열 살 된 소년)가 웃으면서 다가와 "제가 해볼게요, 선생님" 하며 열쇠를 달라고 손을 내밀었다. 그러고 나서 소년이 손으로 재빨리 한 번 비틀자 자물쇠가 열렸다.

박사는 말문이 막혔다. 어떻게 이 약한 소년이 자기보다 힘을 더 쓸 수 있었을까? 그의 눈은 곧 의문의 실마리를 포착했다. 바닥에 떨어져 있는 저것은 핏방울이 아닌가!

아이의 손가락을 살펴보고 나서, 박사는 열쇠를 돌리는 그 동작이 아이의 손에 깊은 상처를 입혔다는 사실을 발견할 수 있었다. 피부, 지방 그리고 뼈까지 모두 다 드러나 있는데도 소년은 전혀 모르고 있는 게 아닌가! 소년에게는 뼈가 드러나기까지 손가락을 베이는 감각이나, 돌멩이를 줍거나 호주머니 속 동전을 돌릴 때 느끼는 감각이나 조금도 다르지 않았다.

매일의 생활이 손과 발에 상처를 남겼음에도 이 한센병 환자에게는 고통을 경고해 주는 체계가 없었다. 만약 발목의 힘줄과 근육이 찢어져 뒤틀린다 해도, 그는 또 거기에 적응해 뒤틀린 다리로 걸어 다닐 것이다. 만일 쥐가 한밤중에 손가락 하나를 물어 없애 버린다 해도 그는 다음 날 아침까지 손가락이 없어졌다는 사실을 알아채지 못할 것이다.

카빌을 방문하다

나는 브랜드 박사를 방문해서 고통 없는 삶의 비참한 결과들을 직접 목격했다.

박사는 현재 카빌에 있는 미 공립 보건 의료원 소속 한센병 치료원에서 일하고 있다. 한센병이 치욕스러운 병으로 낙인찍혔기에 카빌은 육로로 이동하기 어려운 외딴곳에 자리하고 있다. 이 한센병 치료원은 한때는 습지로 둘러싸였던, 112년의 역사를 가진 한 농장 부지 위에 세워졌다. 1890년대에 병원 부지를 매입할 때는 인근 주민들이 토지 구매자의 진짜 의도를 알아채지 못하도록 타조 사육장이라는 명목을 앞세웠다.

그러나 지금은 병원 자체만 40만 평 이상의 대지 위에 세워져 있고, 현대적인 치료 설비들과 아홉 개의 홀을 가진 골프장 그리고 맑은 호수가 이 병원에 딸려 있다. 카빌 마을 주위에 둘러쳐 있던 가시철망도 이제 걷혀 방문객들이 자유로이 드나들 수 있게 되었다.[2]

쾌적한 환경과 휠체어 환자들을 위해 고안된 건물들, 최고의 의학 치료, 최신 의약품을 구비한 무료 진료 등 외관상으로 감추어진 이 농장 일대의 생활상은 부러움을 살 만한 곳으로까지 보인다.

이제는 한센병도 통제가 가능해졌으니, 대부분의 경우 조기 진단 및 치료를 할 수 있다. 그러나 이 병의 한 가지 무서운 양상은 여전히 존재한다. 고통 감각 상실이 그것이다.

고통 없는 사람들

카빌 마을과 전 세계의 한센병 치료원들은 고통 없이 스스로를 파멸시키는 사람들을 수용하고 있다. 그러나 한센병만이 감각을 무디게 만드는 것은 아니다. 당뇨병 환자들도 팔다리의 상실이라는 위험에 직면해 있고, 알코올과 마약 중독자들도 그들의 감각을 마비시킬 수 있다.

'선천성 고통 무감각증'이라는 기이한 결함을 갖고 태어나는 사람들도 소수 있다. 그들도 일종의 경고 체계를 갖고 있긴 하지만, 그것은 브랜드 박사가 고안했던 불빛이나 경고음 신호가 그렇듯 미세한 자극만을 가할 뿐이다. 그들에게는 뜨거운 난로를 만지는 감각이 아스팔트 차도를 만지는 것과 마찬가지다.

특히 어린이들에게 있어서 위험 요인은 그 아이가 고통 신호를 쾌감 신호로 잘못 알고 자신을 더욱더 해칠 수 있다는 점이다. 어떤 부모는 이제 막 이가 네 개 자란, 선천적으로 감각을 모르는 딸아이에 대하여 다음과 같은 기괴한 이야기를 해주었다.

옆방에서 아이가 깔깔거리며 재미있게 노는 소리를 들은 엄마는 '아이가 뭔가 새로운 놀이를 찾았나 보다'라고 생각하면서 아이에게로 갔다. 그런데 아이는 자기 손가락을 깨물어 흘러나온 핏방울로 그림을 그리며 놀고 있었다. 고통이 없기 때문에 자기 보호라는 고유의 감각을 상실했던 것이다. 이 같은 아이들에게 어떻게 칼이나 면도날의 위험을 설명해 줄 수 있을까?

그런 사람들은 마취제 없이도 수술을 받을 수 있으며, 손가락을 핀으로 찌르는 것과 같은 묘기로 친구들을 감동시킬 수도 있다. 그러나 그들의 생은 매우 위험해진다.

어떤 부인은 자기 병의 경계 신호인 두통을 느끼지 못하고 병을 더욱 악화시켜서 거의 생명을 잃을 뻔했다. 그들 대부분은 '남용'을 인식하지 못하기 때문에 뼈를 크게 상하게도 한다. 자신도 모르는 사이에 손목을 삐고 나서, 큰 상해를 입기까지 계속 손목을 사용하기 때문이다. 열여섯 살 난 한 소녀는 이 같은 부주의로 열 손가락을 모두 잃었다.

선천적으로 무감각한 이들은 어떤 단서들을 익혀서 그것에 의존해야 한다. 그들은 예를 들어 간지럼 같은 감각은 느낄 수 있다. 그러나 반응을 나타내기 위해서는 의식적으로 문제 부위에 주의를 집중해야만 한다. 우리 대부분은 즉각적으로 반응하겠지만, 그들은 어떤 동작을 취해야 할지를 오래 집중해야만 알 수 있다.

'고통 없는 지옥'의 실례들은 수없이 많고 비참하다. 그 실례들은 우리 모두로 하여금 '고통이란 어떤 값을 치르고서라도 피해야 할 불쾌한 것'이라는 일반 개념을 버리도록 만든다.

일반적으로 고통은 생을 슬프게 만들지 않는다. 무엇보다도 고통은 지구라는 이 행성에서 우리가 적절한 상태를 즐길 수 있도록 우리를 지켜 준다. 고통이 없다면 우리는 스스로가 자신을 파멸시키고 있다는 의식도 없이, 미지의 위험들을 당면하면서 불균형적이고 병적인 삶을 살게 될 것이다.

의학 서적 덕분에 나는 카빌을 방문하기 전에 이미 고통의 가치를 확신하고 있었다. 또한 클라우디아 클랙스톤의 경우에서도 나는 고통만이 문제가 아니라는 것, 질병이 근본 문제라는 것을 알고 있었다. 고통은 단지 그녀에게 암세포와 항암 치료가 그녀의 몸을 상하게 하고 있음을 알려 줄 뿐이었다. 만약 고통이 없었다면 그녀는 병의 존재를 깨닫지 못한 채 죽어 버렸을지도 모른다.

　카빌에서의 한 주간은 나에게 깊은 시각적 이미지들을 남겼다. 고통 때문에 하나님을 저주하려는 유혹이 찾아올 때면, 나는 고통이 없기 때문에 오히려 힘든 그들을 생각하게 된다. 고통 없는 사람들에게 유일하게 안전한 환경은 하루 종일 침대에 머무는 것이다. 그러나 그조차도 욕창을 유발한다.

내 나이 이제 예순아홉에
아직껏 사람이 죽는 것을
한 번도 보지 못했다는 것을 생각해 보라.
죽어 가는 사람과 한집에 있어 본 일조차 없다.
이것들은 인생 최대의 사건들인데
우리의 체험 밖으로 유린되어 왔다.
어쩐 일인지 우리는 인간의 가장 깊은 감정의 근원들을
용의주도하게 제거해 버린 다음,
감정적으로 충만한 삶을 살기를 바라는 것 같다.
만일 고통을 체험해 보지 않았다면
기쁨을 체험하기란 좀 힘들 것이다.

- 조지 월드(George Wald, 노벨상 수상자)

4
하나님의 확성기로서 고통의 가치

당신도 만일 한센병 치료원을 방문할 기회가 있다면, 고통의 중요한 역할에 대해서 더 이상 의심하지 않을 것이다. 적어도 생리학적인 사실들에 직면해서는, 어느 정도의 고통은 유익하고 좋은 것이라는 사실을 인정하게 될 것이다.

그러나 고통의 이러한 국면보다도 더욱 무시되고 있는 면은 바로 고통과 즐거움의 밀접한 관계다. 이 두 감각은 함께 활동하며, 자주 서로를 동반하고, 어떤 때는 거의 분간할 수 없을 정도다. 고통은 하나의 경고로서 유익할 뿐 아니라 우리의 풍부한 체험에 필수 요소가 되기도 한다.

이 말이 이상하게 들리는가? 그도 그럴 것이, 현대 문화는 그와 정반대의 사실로 매일같이 우리를 압도해 오기 때문이다. 우리는 "고통은 즐거움의 정반대"라고 듣고 있다. 만일 두통이 살짝 느껴지면 아스피린으로 즉각 응수하면 되고, 변비 증세가 있으면 약국에 가서 변비약을 사 먹으면 된다고 배웠다.

도시화된 사회는 동물 세계에 존재하는 고통과 죽음이라는 매일의 순환에서 우리를 멀리 떼어 놓고 있다. 당신이 아는 사람들 중에 대체 몇 명이나 닭의 목을 비트는 일을 할 수 있겠는가?

이는 쉬운 일이 아니다. 몸부림치는 동물을 붙잡고 목을 비튼 다음 재빨리 목을 따는 일은 힘도 들고 기민한 동작을 필요로 한다. 그러나 이 과정은 당신에게 인생에 대해 무언가를 가르쳐 준다. 식료품점 카운터 위에 냉동 포장되어 놓여 있는, 똥도 묻지 않고 피 한 방울 보이지 않는 고깃덩어리는 인생에 대해서 우리에게 아무것도 가르쳐 주지 않는다. 그것은 오히려 우리에게서 현실 감각을 떨어뜨린다.

잠깐만 이 이야기를 계속해 보겠다. 나는 얼마든지 냉동 포장된 닭고기를 살 수 있으며, 내 사무실에는 여름의 불쾌지수를 덜기 위해 냉방 장치가 되어 있다. 나는 또한 울퉁불퉁한 자갈길을 걸을 때의 불편함을 피하고자 구두를 신고 다니며, 물집과 굳은살이 생기지 않도록 테니스용 장갑을 낀다.

이 같은 것들은 나의 삶을 보다 편안하게 해주기에 나는 의도적으로 즐거이 그것들을 사용한다. 그러나 그것들은 또한 나를 고립시키는 역할을 하기도 한다.

풍족한 사치품들과 문명의 이기들은 역사상 다른 어느 세계에서도 유례가 없으며 아직도 현 세계 인구의 삼분의 이가 깨닫지 못하고 있는, 세상과 고통을 대하는 관점을 나에게 제공한다. 즉 대부분의 사람들과 마찬가지로, 나 역시 '고통이란 기술에 의하여 지배될 수 있으며, 지배되어야 하는 하나의 감각'이라고 보게 하는 것이다. 우리의 이 왜곡된 견해는 '고통과 즐거움은 정반대'라고 하는 신화를 부추긴다. 우리의 생활 방식들도 매일같이 이 같은 메시지를 우리에게 속삭여 준다.

윙윙거리는 두뇌

내가 루이지애나주에서 함께 이야기를 나누던 한 신체 공학자는 두뇌를 하나의 확성기에 비유했다. 두뇌에는 일단의 탁월한 입력 장치가 달려 있다. 축음기의 회전반과 테이프 데크 대신에, 우리는 이에 해당되는 촉각, 시각, 청각 등의 감각을 갖고 있다. 어떤 하나의 감각이 사라지기 시작할 때 두뇌는 자동적으로 '볼륨을 높인다.' 현대 문명은 계속적으로 그 볼륨을 높여 주고 있는데, 이 점은 나를 슬프게 만든다.

우리에게는 귀가 있다. 그러나 우리 귀는 온갖 소음 공해로 가득해 미묘한 음조 같은 것은 들어설 자리를 영원히 잃고 말았다. 우리에게는 또 눈이 있다. 그러나 세상은 우리 눈앞에 휘황찬란하고 눈부신 장면을 들이대 놓고 있어서, 일몰 광경이나 나비 같은 것들은 상대적으로 빛을 잃고 희미해져 간다. 우리에게는 코도 있다. 그러나 포장된 화학 향료들이 있어서 그냥 문질러서 냄새를 맡기만 하면 된다. 우리는 몸에 온갖 냄새를

뿌리고 다니며 다량의 불결한 입자들을 공기 속으로 분출하고 있다. 따라서 도대체 자연 세상에서는 어떤 냄새가 나는지 생각조차 할 수 없는 이들도 있다.

우리는 논둑을 따라 걸으며 개구리와 귀뚜라미 소리를 듣는 것과 거북이들이 마치 으스대는 잠수함처럼 물속으로 풍덩 빠져 들어가는 것을 보는 일 그리고 들꽃의 희미한 향기를 맡는 것으로는 만족하지 못한다. 또한 미서부의 대자연을 찾아가 보는 여행에서도 만족을 얻지 못한다.

대자연에는 거대한 바위들이 지평선 위로 불쑥불쑥 솟아 있고, 폭포수는 귀청이 터질 듯한 굉음과 세차게 내뿜는 얼음 물보라와 생동미를 시각적으로 과시하고 있으며, 뿔사슴과 비버 같은 만화에나 나올 법한 동물들이 우리를 기다리고 있다. 그러나 우리는 부자연스러운 색채를 내보내는 번쩍번쩍하는 TV 스크린에 둘러싸인 채 그 모든 것을 간접적으로 체험한다.

우리는 생의 감각들을 그냥 다가오는 것으로 인식한다. 즐거움이란 우리가 손을 뻗어 구해야 하고 투쟁을 거쳐 능동적으로 획득해야 하는 어떤 것이라고 보지 않는다. 만일 즐거움을 얻는 그 일에 고통이 포함된다면 우리는 포기할 것이다.

내가 즐겨 읽는 책 중에 애니 딜라드(Annie Dillard)가 쓴 『팅커 강가의 방랑자』(*Pilgrim at Tinker Creek*)가 있다. 이 책은 1975년 국내 우수 도서상과 퓰리처 상을 수상했다. 어떤 책이냐고 누가 묻는다면, 나는 이렇게 대답할 것이다.

"그저, 한 여자가 어떤 강가에 사는데 숲속으로 산책을 나가서 사향뒤쥐와 쐐기벌레 같은 것들을 보는 것이죠. 무슨 대단한 줄거리 같은 건 없습니다. 그저 그 여자가 산책을 하면서 어떤 반응을 보이는가, 하는 내용입니다."

그러나 이 책은 무언가를 적극적으로 보고, 듣고, 냄새 맡는 한 사람을 보여 준다는 점에서 주목할 만하다. 저자의 필체는 전원시적인 자연 숭배가 아니라, 자연 안에 있는 고통과 죽음의 신비들을 파헤치고 있다. 그녀가 발견한 것들은 우리 대부분이 그 어느 때 찾아낸 것보다 더 깊은, 겹겹이 싸여 있는 신비들이다. 그녀는 디즈니랜드를 여행하는 것보다 훨씬 더 큰 놀라움을 안고 숲속을 산책한다.

유쾌와 불쾌의 동일 자극

근육과 마찬가지로 감각 역시 운동을 통해서 더욱 민감해질 수 있다. 어떤 과학자들은 우리가 어려서부터 손가락 끝을 많이 사용했기 때문에 손가락 끝부분이 민감해졌다는 이론을 세우기도 했다.

말초신경은 '개발'될 수 있다. 예컨대 나일론 크러쉬로 매일 팔을 문지르면 피부의 민감도를 높일 수 있다. 결국에는 브러쉬로 문지른 쪽의 팔이 훨씬 더 넓은 부위에서 쾌감과 고통 감각을 느낄 수 있다.

이러한 이유로, 브랜드 박사는 농담 반 진담 반으로 아기를 기를 때는 털 담요 말고 거친 코코넛 껍질로 만든 침대에서 길러야 한다고 말한다. 아기들을 부드러움이나 이도 저도 아닌 감각들로 둘러싸는 것은 그들의 신경 성장을 억누르며 그들이 세상을 이해하는 범위를 제한한다는 것이다. 그는 또 자기 아내가 아이들의 놀이 침대에 갈고리가 달린 철사 줄을 치지 못하게 말렸기 때문에 실망했다는 이야기도 들려주었다.

이 말이 잔인하다고 생각되는가? 그는 단지 아이들에게 세상에는 고통스럽고 접근해서는 안 되는, 뜨거운 난로 같은 것들이 있다는 사실을 받아들이도록 훈련시키려는 것뿐이었다. 요컨대 어린아이들을 귀하게 기르면 기를수록 더욱더 격리되고 감각에 주린 삶을 살게 할 뿐이라는 것이다.

예를 들면, 맨발로 걷는 것, 특히 해변가의 모래사장이나 잔디 위를 걷는 일은 피부 감각을 다양화하는 데 도움을 준다. 잔디의 모양과 질감에서 느껴지는 미묘한 변화들이 두뇌 속에 필요한 감각상의 새로운 정보들을 투입해 주는데, 이것은 두뇌 발전에 극히 중요한 것이다.

프랑스의 과학자들은 모든 외부 자극으로부터 격리되어 살 수 있는 방을 만들었다. 그러나 그들이 발견한 사실은 인간이 적절히 기능을 발휘하려면 외부로부터의 자극이 있어야 한다는 것이었다. 그렇지 못했을 때 실험 대상자들은 갈피를 못 잡고 불안해하며, 심지어 환각 증세까지 경험했다.[1)]

우리가 잊어버리기 쉬운 사실은 고통의 신호를 두뇌에 전달해 주는 바로 그 신경 감각 기관과 통로가 쾌감의 신호 또한 전달해 준다는 것이다.

가려움 감각(불쾌한 감각)과 간지럼 감각(유쾌한 감각)은 동일한 자극이다. 유일한 차이점이 있다면, 간지럼은 외부로부터 가해지는 어떤 물체의 동작 곧 깃털이나 손가락으로 피부나 어떤 밀접한 지점에 대거나 간지럽히는 것 같은 행위를 수반한다는 점이다. 신경 감각 기관들은 같은데 단지 우리가 해석할 때 하나는 유쾌한 동작, 하나는 불쾌한 동작으로 받아들이는 것이다.

어떤 고통들, 예를 들면 모기에 물려서 가려운 것을 멈추게 하려고 그 부위를 꼬집거나 세게 긁을 때의 아픔, 힘든 하루의 수고가 끝난 후 팔다리를 쭈욱 힘껏 뻗을 때의 아픔 등은 불쾌하다기보다는 유쾌한 쪽에 더 가깝다.

뜨거움이나 가벼운 전기 충격 혹은 거친 표면 등을 경고해 주는 손가락에 있는 감각 기관들은 벨벳이나 비단 옷감의 감촉을 전달해 주는 감각 기관과 동일하다. 또한 성적 쾌감을 주는 감각 기관들이 바로 경고 신호를 두뇌에 전달하는 그 감각 기관이다.

목욕을 즐기는 사람들은 종종 견디기 힘들 정도로 뜨거운 물에 들어가기도 한다. 그들은 잠시 기다렸다가, 아주 조심스럽게 팔이나 다리를 물속에 잠근다. 앗! 바늘로 찌르는 듯한 고통이다. 그들은 뒤로 물러섰다가 다시 한 번 시도한다. 이번에는 고통이 덜하다. 점차로 기분이 좋아진다. 그다음에는 몸의 다른 부분들까지 물속에 잠그게 된다.

아주 뜨거운 물로 가득 찬 욕조에 몸을 잠그는 과정은 고통과 쾌감의 밀접한 관계를 잘 보여 준다. 두 감각은 분간할 수 없을 정도가 되어 가면서 서로 혼합된다. 세포들은 재빨리 적응한다. 몇 초 전에 두뇌에 위험을 경고했던 물이 곧 기분을 좋게 해주는 것이다.

고산 지대에서 먹는 건포도

고통과 즐거움의 긴밀한 관계는 비단 신체에서만 찾아볼 수 있는 것이 아니다. 인간의 체험도 생의 이러한 연합적 특성을 반영하고 있다. 흔히 커다란 즐거움은 오랜 투쟁 이후에 온다.

내 친구 중 하나는 등에 짐을 진 채 '하이 시에라'(High Sierra, 시에라 네바다 산맥)의 높은 산으로 긴 등산길에 올랐다. 이 무리하고 격심한 운동은 신체적 한계에 이르기까지 극도로 그의 노력을 강요한다. 힘든 하루가 지나고 녹초가 되어 침낭 속으로 들어갔을 때에야 비로소 몸이 쑤시도록 아프고 상한 것을 알게 된다. 흔들거리는 바위 위에서 비틀거리고, 단단한 화강암 위를 기어오르는 동작은 그의 근육의 힘을 빠지게 하고, 손가락 끝이 갈라지게 하며, 많이 아프게 한다.

그런데 친구의 말인즉 이러한 체험을 하는 중에 그의 감각들이 생동하게 된다는 것이다. 다시 말해, 감각들이 되살아나는 것 같다고 말한다.

한번은 차가운 안개 속을 여행한 어느 오후에, 친구는 먹을 것을 찾으려고 재킷 주머니를 뒤져 보았다. 그런데 식량은 다 떨어졌고 건포도 한 상자밖에 남아 있지 않았다. 그는 무심코 상자를 열어 건포도를 입에 집어넣었는데, 순간 형언할 수 없는 향기가 그의 입 속으로 흘러 들어왔다. 그것은 그가 집에서 먹었던 그 어떤 건포도보다 맛있고 상쾌한, 최상품의 건포도처럼 느껴졌다.

신체를 사용하며 감각 전체를 가동시킨 과정이 전적으로 새로운 쾌감을 인식하는 수준에 이르게 했던 것이다. 그 건포도의 특별하고도 향기로운 맛은 바위 위를 힘들여 기어오른 긴장과 수고가 없었다면 결코 알지 못했을 것이다.

임어당(林語堂)은 그의 저서인 『나의 나라 나의 백성』(*My Country and My People*)에서 다음과 같이 고대 중국 철학을 설명했다.

> 뜨겁고 먼지 나는 땅에서 가물어 목말라하다가 맨몸뚱이 위에 떨어지는 큰 빗방울을 느끼는 것. 아, 이것이 행복 아닌가! 내 몸 비밀스런 부분의 가려움을 못 참아 하다가 드디어 내 친구들을 피해 가려운 데를 긁을 수 있는 장소를 찾아가는 것. 아, 이것이 행복 아닌가!

행복의 체험에 관한 임어당의 긴 목록을 보면, 거의 모든 체험에 고통과 환희가 연합되어 있다. 굶주림과 목마름이라는 감각은 우리를 고통으로 인도할 수 있다. 그러나 고통이 없다면 과연 우리가 맛의 기쁨을 누릴 수 있을까?

운동 선수들은 고통-환희의 묘한 관계를 잘 알고 있다. 올림픽에 출전한 역도 선수를 한번 떠올려 보라. 그는 두 개의 튀어나온 고무 원판이 달린 바벨에 접근한다. 심호흡을 하고, 얼굴을 찌푸리고, 근육을 굽힌다. 손을 아래로 뻗고는, 근육을 유연하게 하기 위해 예비로 몇 번 강철 심봉을 세게 당겨 본다. 그런 다음에는 앉아서 한 번의 강한 반사 작용으로 자기 몸의 근육 전부를 단단히 죄고 들어 올리기 시작한다.

오, 역도 선수의 얼굴에 나타나는 고통스런 표정을 상상해 보라. 어깨까지 그 중량을 끌어 올리고 머리 위로 들어 올리는 데 드는 매 밀리초(0.001초)가 그의 얼굴 위에 고뇌로 부각된다. 근육들은 긴장에서 풀려나 해방되기를 갈구하고 있다.

만일 들어 올리는 데 성공하면 그는 무지막지한 바벨을 마루 위로 떨어뜨리고, 두 손을 머리 위로 꽉 잡고서 공중으로 뛰어오른다. 완전한 고뇌와 환희가 2초 사이에 일어난다. 둘 중 하나가 없이는 다른 하나가 존재하지 않는다. 그 역도 선수에게 얼마나 고통스러웠느냐고 물어보라. 아마도 그는 어리둥절하며 당신을 바라볼 것이다. 고통이 기쁨 안으로 용해되었기 때문에 그는 이미 고통을 잊어버렸다.

승리의 환희

보다 높은 차원에서 보더라도, 가치 있는 인간의 업적들은 거의 다 오랜 투쟁의 역사를 갖고 있다. 고통스러운 과정 없이 과연 즐거움이 가능할까?

미켈란젤로(Michelangelo)의 조각과 미술품들은 여러 해의 고통스러운 사연을 담고 있다. 캐비닛을 만들거나 정원에 페인트칠을 하는 등

집 안에서 무엇이든 보람 있는 일을 해본 사람이라면 누구나 이 진리를 알 것이다. 고통 후에 기쁨이 오며, 기쁨이 고통을 흡수해 버린다. 예수님은 해산의 비유를 통해 이 사실을 말씀하셨다(요 16:21).

나는 돛단배로 혼자서 세계 일주를 한, 사상 최연소자인 로빈 그레이엄(Robin Graham)[2]과 이야기를 나눈 적이 있다. 그는 16세의 미숙하고 모험심 많은 소년일 때 항해를 시작했다. 3년이라는 항해 동안 그는 격렬한 폭풍으로 뱃전이 깨어져 나가는 경험도 했고, 파도가 돛을 두 동강 내는 광경도 보았다.

적도 근해의 바람과 파도가 없는 무풍지대에서 절망을 겪었을 때, 그는 모든 것을 완전히 포기하고 배에 석유를 붓고는 불을 질렀다. (그러나 그는 곧 마음을 바꾸고 자기 손으로 불을 끄는 일에 다시 뛰어들었다.)

3년 후에, 소년은 로스앤젤리스 항구에 무사히 도착해 수많은 배와 깃발, 군중과 보도진들, 경적을 울리는 자동차들, 그리고 기적 소리로 환영을 받았다. 도착했을 때의 기쁨은 이루 형용할 수 없었다. 단순히 즐기기 위한 바다 여행이었다면 결코 그런 감정을 느끼지 못했을 것이다. 세계 일주의 고통과 고투가 승리의 환희를 가능케 했던 것이다.

자기 성취가 가져다줄 수 있는 정신적 건강을 깊이 느낀 그는 즉시 농장지를 사들여 손수 잘라 낸 통나무로 집을 하나 지었다. 출판업자들과 영화업자들이 국내 일주 여행과 유명 좌담회, 두둑한 경비 제공 등으로 그를 유혹하려 했지만, 로빈은 모두 사양했다.

기독교의 진수

우리는 섬김이라는 기독교의 개념 가운데서도 이 같은 고통과 즐거움 사이의 원리를 추론할 수 있다. 기독교가 제시하는 진정한 만족은 자아를 채우는 데서 오는 것이 아니라 타인을 위해 고통스럽고 지루한 수고를 감당하는 데서 온다. 테레사(Teresa) 수녀는 콜카타의 최하층 사회에서 완전히 새로운 차원의 평안과 행복을 발견했다.

루이지애나의 카빌에 있는 한센병 치료원은 처음에 주 당국이 매입했으며, 당국은 개발을 약속했다. 그러나 당국은 길을 닦고, 오두막을 수리하고, 수렁의 물을 빼는 등의 일에 자원하는 사람들을 구하지 못했다. 아무도 한센병 환자들 가까이에서 일하려 하지 않았다.

결국 한 수녀 단체에서 한센병 환자들을 돌보기로 결정했다. 수녀들은 시종 하나님께 영광을 돌리며 환자들에게는 기쁨을 전하면서, 도랑을 파고 건물을 수리하며 치료원을 살기 좋은 곳으로 바꿔 나갔다. 그들은 아마도 희생적인 섬김을 통해 생에 있어서 고통과 즐거움의 관계를 가장 깊은 차원에서 배웠을 것이다.

우리는 고통을 생의 체험들 가운데서 따로 뽑아내 호되게 비난할 수 없다. 고통을 허용하시는 하나님을 향해서 즉각 반발하는 것은 쓸데없는 짓이다. 오히려 고통은 기쁨과 성취에 이르는 필수 단계다.

나는 인공호흡기를 꽂고, 방독 시트를 덮은 채로 죽지 않기를 바란다. 나는 테니스 코트에서 칠십 대 노장으로서 마지막 오버헤드 스매시를 힘껏 때리고 있든가, 아니면 내 주름진 볼 위에 닿는 물보라를 느껴 보려고 소리 지르며 의기양양하게 폭포로 가는 오솔길을 따라 내달리고 있길 바란다.

내가 만약 마약과 안락과 사치를 통해 행복을 추구하는 데 생애를 바친다면 행복은 나를 피해 갈 것이다.

"행복은 그것을 좇는 자에게서 물러난다."

행복은 나 자신을 투자한 어떤 일의 부산물로 혹은 놀라움을 안겨 주는 보너스로 뜻하지 않게 찾아올 것이다. 틀림없이, 그 투자에는 많은 고통이 포함될 것이다. 고통 없는 즐거움이란 상상하기 어렵다.

내가 내 안에 좋다는 감동을 처음 느꼈던 것은
저 감방의 썩어 가는 짚더미 위에 누워 있던 때뿐이었다.
그때 한 가지 사실이 점차로 내 앞에 확연히 드러났다.
즉 좋은 것과 나쁜 것을 분리하는 경계선은
신분이나 계층 사이로든지
혹은 정치적 당파들 사이로도 가지 않으며
다름 아닌 바로 인간 각자의 마음
그리고 모든 인간의 마음들 사이로 지나간다는 사실이었다.
이로써 나는
너, 감옥이 내 생애 중에 있었음을 인하여 너를 축복하노라.

- 알렉산더 솔제니친(Alexander Solzhenitsyn),
『수용소 군도』(*The Gulag Archipelago*)

5

가장 깊은 차원의 고통과 즐거움의 관계

지구를 생각해 보라. 일몰이나 무지개의 찬란한 색채와 미묘한 색조를 주목해 보라. 발가락을 모래 속에 파묻고 대양의 조수로부터 다가와 이는 물거품과 물보라를 느껴 보라. 박물관을 찾아서 나비 날개의 추상적인 무늬들을 연구해 보라. 현대 추상주의 화가들이 그린 도안보다 훨씬 더 변화무쌍한 만 가지 무늬들이 작은 날개 하나에 모두 압축되어 있다. 이 좋은 것들 사이에서 사랑의 하나님을 믿기란 어렵지 않다.

그러나 하늘을 찬란한 색채로 물들이는 저 태양이 동시에 아프리카의 토양을 갈라 터트리며 수백의 인명을 앗아 갈 수 있다. 파도의 고르고 안정된 리듬이 태풍에 의해 고조되면, 6미터 높이의 해일이 되어 도시와 마을들을 휩쓸어 가기도 한다. 또 꽃들 사이로 팔랑이며 생을 보내는 예쁜 빛깔의 곤충이 자연의 먹이사슬이라는 매일의 잔인한 과정 가운데서 잡아먹히고 있다. 세상은 하나님의 전시장이지만 반란군의 요새이기도 하다. 세상은 좋은 것이지만 타락한 것이기도 하다.

인간을 생각해 보라. 바하, 베토벤, 루터, 괴테, 브람스를 배출시킨 나라가 또한 히틀러, 아이히만, 괴링과 같은 인물들도 내어놓았다. 미국은 헌법을 만들어 낸 나라이지만 동시에 노예 제도와 남북 전쟁을 유발했다. 모든 인간 속에는 재기, 창의력, 동정심과 함께 기만, 이기주의, 잔인함이 자리한다.

고통의 경우도 마찬가지다.

가까이 다가가서 볼 때 고통은 신뢰할 만한, 가치 있는 친구처럼 보일 수 있다. 천재의 인장이 그토록 선명하게 찍힌 신경 조직이라면, 라파엘(Raphael)의 절묘한 미술 작품만큼이나 감탄의 대상이 되어야 한다. 생체 공학자의 근시안적 견해로 본다면, 고통 감각망은 분명히 하나님의 가장 위대한 걸작 가운데 하나다.

그러나 고통은 현미경을 통해서가 아니라 괴로움이라는 현상을 통해서 우리에게 더 크게 다가온다. 만일 당신이 각 경고 신호를 그에 해당되는 특별한 원인과 연결시킬 수 있다면, 고통망은 기능을 잘 발휘하는 듯 보일 것이다. 그러나 한 발자국 뒤로 물러나 굶어 죽고, 피 흘리고, 불치병에 걸려 사망을 향해 나아가는 사람을 보게 된다면….

철학가들은 보다 광범위하게 '인간의 고통의 총계'를 논하기를 좋아한다. 그들은 마치 인간의 모든 고통을 추출해서 하나의 커다란 유리병에 부어 하나님 앞에 내놓을 수 있는 양 이같이 질문한다.

"여기, 지구의 모든 고통과 아픔이 있습니다. 당신은 이 거대한 불운을 어떻게 설명하시겠습니까?"

독자들은 이 책의 뒷부분에서, 척추가 부러진 사람들과 나치 대학살 사건에서 살아남은 유태인들을 만나게 될 것이다. 그들이 바로 우리가 정면으로 대해야 할 사람들이다. 감상적인 합리화로는 그들의 날카로운 질문을 조금도 해결할 수 없다. 그리고 그들이야말로 가장 신랄하게 "내가 고통당할 때 하나님은 어디 계신가?"라고 질문할 수 있는 사람들이다. 만일 우리의 믿음이 그들에게 답을 줄 수 없다면, 우리는 상처 난 세상을 향해 아무 말도 할 수 없는 것이다.

우리는 앞에서 경고와 보호의 작용을 하는 '좋은 고통'들을 보았다. 그러나 고통의 부작용은 어떤가? 고통으로 인해 비통과 절망으로 영혼이 파멸되어 갈 때, 심리학적 관점에서 보는 그 고통의 의미는 어떤가? 이 사람들은 건강한데, 저 사람들은 왜 병과 싸워야 하는 것일까?

물론 우리 가운데는 격심한 신체적 고통을 모른 채 인생을 보내는 이들도 있지만, 내가 아는 사람들은 모두 다 사라지지 않을 어떤 고통을 안고 있다. 그것은 성격적인 기벽일 수도, 무너진 인간관계나 끊임없이 괴롭히는 죄의식일 수도 있다. 무엇이든 간에, 그것은 계속해서 나타나며 우리의 만족감을 소멸시킨다.

이제 우리는 지금껏 보아 온, 자극에 대해 순종적으로 반응하는 고통의 세포들을 보여 주는 현미경으로부터 한 발자국 뒤로 물러서야 한다. 그리고 고통받는 인간의 얼굴을 충분히 들여다보아야 한다.

"내가 고통당할 때 하나님은 어디 계신가?"라는 질문은 이제 "이 고통이 계속될 때 하나님은 어디 계신가?"가 되어 버린다. 어떻게 하나님은 그처럼 격심하고도 부당한 고통을 허락하실 수 있을까?

타락한 자유

성경은 고통과 악이 세상에 들어오게 된 경로를 인간의 장엄하고도 무서운 하나의 특성에서 찾는다. 그것은 자유라는 것이다. 인간을 날뛰는 돌고래나 울부짖는 사자 그리고 노래하는 새들과 다르게 만든 것은 무엇인가? 오직 인간만이, 본능적인 행동에서 벗어나 스스로 결정하는 선택권을 갖고 있다. 우리는 심지어 우리의 환경을 조작하고 조절할 수도 있다.

그러나 자유인은 이 행성에 다른 새로운 것도 들여왔다. 그것은 본래 의도에 대한 반항이다. 우리는 지구가 어떻게 의도되었는지에 대해 약간의 암시밖에 갖고 있지 않지만, 다름 아닌 인간이 그 틀을 망쳐 놓았다는 사실은 잘 알고 있다. G. K. 체스터턴(G. K. Chesterton)은 이렇게 말한다.

> 우리는 곧잘 야생 동물에 대해 이야기한다. 그러나 인간이야말로 유일한 야생 동물이다. 망가뜨린 장본인은 바로 인간인 것이다. 다른 모든 야생 동물은 길이 잘 들었다. 그 종이나 무리의 거친 습속을 따른다는 점에서 말이다.[1]

인간은 지구라고 불리는 이 작은 바위 조각 위에서 홀로 하나님과 맞서서 주먹을 흔들며 "나는 내 마음대로 하고 싶기 때문에 내 마음대로 합니다. 그러니 하나님은 나를 가만 내버려두시는 것이 좋을 겁니다"[2]라고 말한다.

우리는 하나님과 우리 사이를 분리시키는 벽을 만들었다. 이 벽 안에서, 우리는 실컷 우리 좋을 대로 살고 있다. 물론 가끔은 하나님이 제시하신 법칙들을 따르기도 한다. 사랑과 평화와 선의 길 말이다. 그러나 어떤 때는 그렇지 못하다.

매우 놀라운 사실은 하나님이 그런 우리의 말을 들어 주신다는 것이다. 그분은 우주의 모든 법칙을 무시하면서까지(적어도 당분간) 인간이 원하는 대로 행할 자유를 허락하셨다.

> 세상을 만드심에 있어서, 하나님은 세상을 자유롭게 하셨다. 하나님은 시보다는 희곡을 쓰신 것이다. 세상은 하나님이 계획하신 대로는 완전한 작품이었으나 필연적으로 인간 배우들과 인간 연출가들에게 맡겨졌으며, 그 후로 그들은 그 작품을 크게 망쳐 놓고 말았다.[3]

세상은 반역 가운데 있다. 하나님은 이미 지구 위에 "유죄 선고" 표지를 거셨으며 심판을 선언하셨다. 악과 고난으로 가득 찬 이 세상이 그래도 존재하는 것은 하나님의 자비하심의 증거이지, 잔인하심의 증거가 아니다.

오염된 행성

하나님은 인간에게 자유를 약속하심으로써 자신에게 어떤 한계를 부과하셨다. 창조주가 어떤 매개물을 도입하실 때는 항상 그 매개물에 의해 제한을 받게 되신다.

예를 들어 루이스의 비유를 빌리자면, 하나님은 한 유용한 피조물인 나무를 만드셨다. 나무는 열매를 맺고, 그늘을 제공하는 잎사귀를 지탱해 주며, 새와 다람쥐를 숨겨 준다. 나무는 베인 후에도 유용하다. 사람들은 나무에 불을 붙여 따뜻하게 하며, 집과 가구를 만드는 데 사용한다. 나무가 가진 특성이 이런 유익한 기능을 발휘하게 하는 요인이다.

그러나 만일 당신이 이러한 특성을 가진 나무를 자유인들이 살고 있는 세상에 준다면, 당신은 나무 고유의 위험성 또한 주는 셈이다. 사람은 나무 몽둥이를 집어 들고 그 나무의 견고성을 이용해 다른 사람의 머리를 세게 내리칠 수도 있다.

내 생각에, 그러면 하나님이 매번 내려오셔서 나무의 특성을 스펀지같이 변화시켜 그 곤봉이 아무 위협도 되지 않게 하실 수도 있지 않을까 싶다. 그러나 그런 일은 세상에서 하나님이 하시는 일이 아니다. 하나님은 고정적인 법칙들을 만드셨는데, 그 법칙들은 우리의 잘못된 자유에 의해 악용될 수도 있다. 고통망 역시 우리를 위한 유용한 선물이긴 하나, 또한 이 지구상에서 남용되고 있는 과도한 고통의 지배를 받고 있다.

그렇다면 인간에게 자유의지를 주신 하나님이 다른 방도로 그 일을 행하실 수는 없을까? 하나님이 고통망의 어떤 유익들을 손실 없이 유지시키실 수는 없을까?

고통을 포함하지 않은 어떤 경고 체계가 작동할 수 있을지에 대해서는 의문의 여지가 있다. 브랜드 박사의 실험과 고통을 모르는 사람들의 경험이 보여 주듯이, 고통이 존재할 때는 단지 경고를 받는 것만으로는 충분치 않다. 행동이 뒤따르려면 반드시 통증이 있어야 한다. 그러나 이 지점에서 하나의 의문이 생긴다.

"하나님은 고통 없는 세상 혹은 고통이 덜한 세상을 창조하시는 편이 좋지 않았을까?"

성경이 명백히 보여 주는 바, 하나님께서는 자기 자녀들의 고통보다 더 중요한 어떤 것들이 있다. 하나님이 아브라함에게 그 아들 이삭을 죽이라고 요구하셨을 때 아브라함이 겪었을 심리적인 고통을 생각해 보라. 혹은 친히 인간이 되어 세상 죄를 지신 예수님의 고통을 생각해 보라.

회의론자들은 이 사건들을 하나님에게 사랑이 없다는 실례로 인용해 왔다. 그러나 내게 있어서 이 사건들이 증명해 주는 것은, 예컨대 진리를 선포하는 것이 하나님의 계획상, 그분의 가장 충실한 종들을 위해 고통 없는 세상을 만드는 일보다 더 중요하다는 사실이다.

누구든지 "하나님이 우리가 사는 세상에 바이러스나 박테리아를 덜 허용하실 수 있지 않았을까?"라는 주제를 놓고 하루 좋일 논할 수 있다. 그러나 우리 중 아무도 그 답을 알지 못할뿐더러 그보다 이전의 질문, 즉 "어떻게 해서 특정 바이러스가 세상에 들어왔는가?"에 대해 답할 수도 없다. (그것은 과연 하나님의 직접적 창조 활동의 하나였을까?) 그러나 고통의 실제적인 결과는 지구라는 이 행성에 대한 성경적 견해와 모순되지 않는다. 지구는 하나의 오염된 행성이다. 고통이 우리에게 상기시켜 주는 바가 바로 그것이다.

하나님의 확성기

그러면 하나님은 우리가 주의를 기울일 수 있을 만큼 충분히 크게 말씀하시기 위해 무엇을 사용하실까? 무엇이 우리로 하여금 '이 지구는 하나님이 창조하신 의도대로 움직여 가고 있지 않다'는 사실을 확신시켜 줄 것인가?

루이스는 "고통, 즉 하나님의 확성기"라는 문구를 소개했다. 이것은 적절한 표현이다. 왜냐하면 고통은 소리치고 있기 때문이다. 내가 내 발가락을 어디에 부딪히거나 발목을 삐었을 때, 고통은 나의 두뇌에 무언가 잘못되었다고 소리쳐 댄다.

내가 믿기로 이 지구상의 고통의 존재는 무언가가 잘못되었다는 사실을 우리 모두에게 소리치는 하나의 외침이다. 그것은 우리를 멈춰 세우며 우리로 하여금 다른 가치들을 생각하게 만든다.

우리는 삶의 목적이 안락이라고 믿는다(어떤 사람들은 확실히 그렇다고 믿는다). "즐기라. 좋은 집을 짓고, 좋은 음식을 실컷 먹고, 섹스를 즐기고, 유쾌한 삶을 살아가라." 이것이 전부다.

그러나 고통의 존재는 이러한 철학을 복잡하게 만든다. 세상 사람의 삼분의 일이 매일 밤 굶주린 배를 움켜쥐고 잠자리에 드는데, 그저 "세상이 여기 있으니 나는 실컷 먹을 수 있다!"고 외치기란 편치가 않다. 십 대 소년들이 술에 잔뜩 취해 길에 널브러져 있는 것을 보면서 인생의 목적은 즐기는 것이라고 믿기는 훨씬 더 어렵다. 만일 내가 그러한 상황을 피해서 단순히 인생을 즐기려고 노력한다 해도, 고통은 여전히 존재하고 나를 따라다니면서 삶이 얼마나 공허한가를 생각하게 만든다.

때로는 조용히, 때로는 큰 소리로 고통은 인간의 전 상황이 빗나갔다고 알려 주는 하나의 '초월적 소리'로 존재한다. 전쟁과 폭력의 삶은 무언가 잘못된 삶이다. 우리에게는 도움이 필요하다. 이 세상으로 만족하기를 원하는 사람, 삶을 사는 유일한 이유가 행복이라고 믿는 사람은 솜으로 귀를 틀어막고서야 그렇게 할 수 있을 것이다. 왜냐하면 고통이란 확성기는 매우 시끄럽기 때문이다.

기독교의 이러한 국면 때문에 G. K. 체스터턴은 다음과 같은 말을 했다.

> 현대의 철학자는 내가 올바른 위치에 있다고 거듭거듭 말해 주었으나 나는 여전히 우울했다. 그러나 나는 내가 잘못된 위치에 있다는 소식을 들었고, 내 영혼은 비로소 봄날의 새같이 기뻐 노래했다.

낙관주의자들은 체스터턴에게 이 세상은 그 어떤 곳보다도 좋은 세상이라고 말해 주었다. 그러나 그는 받아들일 수 없었다. 하지만 기독교는 이 세상이 하나의 오염되고 상처 난 행성임을 거리낌 없이 말해 주었다. 이에 대해 체스터턴은 이렇게 밝히고 있다.

> 선이란 단지 사용되어야 하는 하나의 도구가 아니라, 크루소의 배에서 나온 물건들같이 보호되어야 하는 유물이었다. 본래는 현명하게 지어진 어떤 것에서 조금 남아 있는 거친 잔해였던 것이다. 기독교에 의하면 우리는 실제로 한 난파선의 생존자들, 즉 세상의 시작 전에 침몰한 황금 배의 선원들이었기 때문이다.
>
> 그러나 중요한 문제는 이것이다. 즉 이 사실이 낙관주의를 위한 논거를 완전히 뒤집어 놓았다는 것. 그리고 이러한 반전이 이루어진 순간, 뼈가 다시 제자리로 들어가 박히는 것 같은 평안함이 느껴졌다. 나는 종종 나 자신을 낙관주의자라고 불렀는데, 그것은 비관주의의 너무도 명백한 모독을 피하기 위함이었다.
>
> 모든 시대의 낙관주의는 우리가 이 세상에 꼭 적합하다는 사실을 증명하려고 노력한다는 점에서 거짓되고 절망적이다. 그러나 기독교의 낙관주의는 우리가 이 세상에 적합하지 않다는 사실에 근거한다.[4]

당신은 아마 고통의 기원에 대한 기독교의 교리가 나약하고 불만스럽다며 비난할지도 모른다. 그러나 적어도 체스터턴이 주목한 대로, '하나의 위대한 그러나 타락한 세상'이라는 개념은 우리가 알고 있는 실재와 일치하고 있다. 어떤 다른 종교들은 고통이 존재한다는 사실 자체를 부정하거나 감추려고 애쓴다. 그러나 고통은 지구가 오염된 행성이라고 폭로하는 기독교의 우주관과 일치한다.

하나님의 확성기인 고통은 나를 그분에게서 멀리 몰아낼 수 있다. 그러한 비참함을 허용하시는 하나님을 증오하게 될 수도 있다. 아니면 정반대로, 고통은 나를 그분께로 데리고 갈 수도 있다. 나는 그분이 이 세상이 전부가 아니라고 말씀하실 때 그분을 믿으며, 온전한 처소를 만들고 계시다는 사실을 붙잡을 수 있다.

중환자실

만일 고통의 확성기로서의 가치가 의심된다면 병원의 중환자실을 방문해 보라. 온갖 부류의 사람들이 대합실 통로를 걷고 있을 것이다. 어떤 이들은 부자요, 어떤 이들은 가난한 사람들이다. 아름다운 사람, 평범한 사람, 흑인, 백인, 똑똑한 사람, 둔한 사람. 영적인 사람, 무신론자, 사무직 종사자, 육체 노동자, 모두 다 있다.

그러나 이 중환자실은 그러한 구분들이 별 의미가 없는 곳이다. 이 모든 사람은 하나의 유일한 무서운 끈, 곧 죽어 가는 가족, 친척이나 친구를 향한 그들의 사랑으로 묶여 있기 때문이다.

거기서는 인종 문제란 찾아볼 수 없다. 경제적인 차이, 심지어 종교적인 차이도 사라져 버린다. 오히려 서로를 위로하거나 조용히 울고 있는 모습을 자주 목격할 것이다. 모두 인생 최저의 감정에 직면하고 있으며, 개중에는 난생처음으로 목사나 신부를 불러오는 이들도 있다. 오직 고통의 확성기 소리만이 그들을 무릎 꿇리며 그들로 하여금 생에 대하여 다시 생각하도록 만든다.

17세기 시인이었던 존 던(John Donne)은 큰 고통을 겪었다. 그는 반대를 무릅쓰고 귀족의 딸과 결혼했다. 따라서 챈슬러 경의 보좌관 직위에서 해고되고 아내와도 격리된 채 동굴에 감금되었다. 결국 그는 오랜 병을 견디다가 기력이 쇠해 죽음의 문턱까지 이르렀다.

이런 가운데 던은 고통에 관한 일련의 기도문을 썼는데, 그것은 고통이라는 주제에 관한 가장 적절한 병상록으로 꼽힌다. 이 가운데 한 시구에서 그는 한 가지 '동행'에 대해 생각해 보았다. 즉 그를 병상에 묶어 두는 질병이 동시에 그로 하여금 자신의 영적 상태에 대하여 생각하도록 몰아간다는 사실이었다. 이 동행은 적절한 것이다. 그러나 우리는 자신이 육신적으로 또한 영적으로 얼마나 병들었으며 도움을 필요로 하는가를 거듭거듭 반복해 알리는 하나님의 확성기, 이 신체적 고통을 무시하고 있다.

고통의 가치

나는 일전에 확성기로서 고통의 가치를 보여 주는 현대의 사례 하나를 발견한 적이 있다. 해양 수색대에서 일하는 열여덟 살 된 한 고등학생과 면담했던 때의 일이다.

로저 보울린(Roger Bowlin)이란 이 학생은 어린 나이에도 불구하고 탁월한 운동 실력을 갖춘 데다 훌륭한 응급 치료 훈련까지 받아서 시애틀 지역 구조단원으로 선발되었다. 그런 그는 자기가 구조한 사람들에게서 고통이 주는 충격을 목격했다.

주말만 되면 로저와 그의 동료는 비참한 일들을 겪곤 했다. 한번은 실종된 등산객을 찾아내기 위해 슬로언산 정면의 빙하 위를 오른 적이 있다. 로저는 빙하의 움직임을 알려 주는 위험천만한 소리를 들었는데, 으르렁대는 낮은 소리와 소총 사격과도 같은 날카로운 소리였다. 그는 빙하의 작은 틈이 벌어지면서 그 빙하가 마치 동굴처럼 넓게 입을 벌리는 광경을 보았다. 결국 두 사람은 안전을 위해 탐색을 포기하고 돌아와야 했으며 실종자는 끝내 발견하지 못했다.

로저는 사람들이 죽음과 비극에 대해 잘 말하려 하지 않는다는 사실을 알게 되었다.

"나는 믿을 수가 없었습니다. 어떻게 죽음에 대비할 것이며, 어떻게 하나님이 적절히 개입하시는가에 대해 이야기하고 싶어 하는 사람은 거의 없었습니다. 사람들은 그저 날씨나 옷이나 월요일 저녁의 축구 경기에 대한 이야기나 하면서 아주 편안히 지내고 있었습니다. 그러나 진정으로 중요한 것들에 대해 말하려는 사람은 아무도 없었습니다."

결국 로저는 그리스도인이 되었다. 기독교의 세계관, 즉 '세상은 비극적이고 피비린내 나는 장소이며 우리는 하나님께로 돌이킬 필요가 있다'는 것만이 그가 이해할 수 있는 유일한 해답이었다.

그가 맞닥뜨린 비극의 영향이 없었다면 로저는 결코 하나님께로 나올 수 없었을지도 모른다. 고통, 비록 자신의 고통이 아니라 다른 이의 고통이었을지라도, 그 고통이 그로 하여금 생의 가치들을 생각하게 만들었던 것이다. 그는 자신의 삶이 온전하지 못하다는 사실을 보게 되었다. 삶을 재정리하기 위해 그에게는 도움이 필요했다.

어린아이가 아버지에게로 돌아오듯이, 로저는 자신의 인생을 변화시킬 도움을 얻기 위해 하나님께로 돌아왔다. 내가 믿기로는 바로 이것이 확성기로서의 고통의 가치다. 이것은 모든 인류를 향한 일반적인 메시지다. 그런데 이것이 특정 메시지일 수도 있을까? ("당신은 이렇게 이렇게 행했기 때문에 고통을 당하고 있다"는 식 말이다.) 이것이 다음 장에서 다룰 질문이다.

그러나 내 생각에는, 일반적으로 하나님은 어린아이가 아버지를 신뢰하듯이 우리가 그분을 신뢰하도록 고통을 사용하기도 하신다. 때로 하나님은 불공평하시거나 혹은 도움을 원하는 우리의 부르짖음에 냉담하신 듯 보일 때가 있다. 그러나 그분은 우리의 부르짖음을 들으신다. 아버지로서 하나님은 우리와 함께 아파하신다.

어린아이가 되는 것은 어려운 일이다. 우리는 우리의 연약함 내지는 의존의 필요성을 상기시켜 주는 고통이나 고난과 같은 너절한 것들 없이도 세상을 충분히 꾸려 나갈 수 있을 만큼 스스로를 어른이라고 생각한다. 우리는 도덕에 대하여 스스로 결정 내릴 수 있을 만큼 충분히 똑똑하다고 생각한다. 우리의 귀에 대고 외치는 고통의 확성기 없이도 올바르게 살 수 있을 만큼 현명하다고 말이다.

그러나 우리는 틀렸다. 에덴동산의 이야기가 그 사실을 증명한다. 인간은 고통 없는 세상에서 하나님을 거역하는 길을 택했다.

그리고 아담의 후손인 우리 역시 선택권을 갖고 있다. 우리는 하나님을 신뢰할 수도 있고, 아니면 하나님을 비난할 수도 있다.

오직 인격적이신 하나님만이
반항적인 인간으로부터
인격적인 설명을 요청받으실 수 있다.

- 알베르 카뮈(Albert Camus), 『반항적 인간』(*The Rebel*)

6

변덕스럽고 불공평해 보이는 하나님

1976년 6월, 캘리포니아 유카시에서 고등학교 합창단원 53명과 보호자 두 명을 태운 버스가 막 비탈길에 들어서고 있었다. 그런데 순간, 버스가 20미터가 넘는 난간을 부수고 쿵 하고 떠오른 다음 땅으로 떨어졌다. 땅에 거꾸로 박힌 차는 바퀴가 계속 돌아가고 있었으며 지붕은 좌석에 닿을 만큼 납작하게 찌부러져 있었다. 사방으로 흩어진 합창단 악보 위에 선혈이 낭자했다.

"'오, 하나님' 하고 버스 앞쪽에서 누군가 소리 지르는 것을 들었어요."

이렇게 말하며 흐느끼는 소년은 바로 옆 좌석에 앉았던 여자 친구를 잃은 16세의 킴 케년(Kim Kenyon)이었다.

합창단의 테너 파트장인 18세의 페리 마틴(Perry Martin)은 이렇게 덧붙였다.

"온통 흐느낌과 신음, 흩어져 있는 팔다리들로 뒤엉켰어요."

최종 집계는 사망자 29명에, 부상자 25명이었다.

그 소년 소녀들은 모두 같은 고등학교에 다녔고, 그해 초 모두 "지붕 위의 바이올린"에 출연했었다. 졸업식을 3주 앞둔 바로 전 토요일에는 많은 학생이 무도회에 참석했었다.

그들의 친구들이 멍한 표정으로 유바시 고등학교 교정을 걸어 나가는 모습과 가끔 교장실 앞에 우울한 표정으로 멈춰 선 채 부상자의 상태가 적힌 벽보를 읽는 모습이 보였다.

학생회 회장인 18세의 카렌 헤스(Keren Hess)는 이렇게 말했다.

"우리 대부분이 친구의 죽음을 보는 것은 이번이 처음이에요."[1]

_ 1976년 6월 7일자 「타임」지 기사에서

왜 유바시인가?

어째서 이런 일이 유바시에서 일어났을까? 왜 하필 고등학교 합창단이 당했을까? 그 29명의 소년 소녀들은 고속도로에서 죽음을 맞이해야 마땅한 운명이었을까? 하나님은 그들에게 무언가를 말씀하려고 하셨을까? 아니면 그들의 부모와 친구들에게 어떤 교훈을 주려 하셨을까?

만일 당신이 유바시 고등학교에 다니는 학생이라면, 이 질문들을 피할 수 없을 것이다. 만일 당신이 그 버스 사고에서 살아남은 탑승자 중 한 사람이라면, 다른 친구들은 죽었는데 어째서 나만 살았는지

의아하지 않을 수 없을 것이다. 유바시 버스 참사와 같은 피비린내 나는 비극이 있은 직후에는 이런 질문들이 표면화된다. 그중에는 가슴 아픈 질문들, 분노에 찬 질문들도 있다.

그 질문들이 어떤 것이든 간에, 그리스도인들에게는 더욱 어려워 보인다. 만일 당신이 이 세상을 우연의 산물이라고 믿는다면 유바시의 버스가 참사를 당하든지, 뉴욕시의 버스가 참사를 당하든지 둘 사이에 무슨 차이가 있겠는가? 그러나 만일 당신을 사랑하시는 능력 많으신 하나님에 의해 지배되는 세상을 믿는다면, 여기에는 엄청난 차이가 있다.

우리의 하나님은 손을 뻗어서 버스의 바퀴를 약간 비틀고, 그 바퀴가 난간에 충돌하는 것을 즐기는 하나님이실까? 우리의 하나님은 해일이나 지진을 가지고 장난하면서 사람들을 담배꽁초처럼 짓밟아 버리는 분이실까? 그것이 하나님이 무력한 희생자들인 우리에게 상을 주시고 벌을 주시는 방법일까?

이런 질문들을 제기하는 것이 신성모독처럼 들릴 수도 있다. 그러나 이 질문들은 나와 내가 아는 다른 그리스도인들을 계속 따라다니며 괴롭혀 왔다. 이 질문들은 경멸의 시선을 보내는 친구들에 의해 마치 작살처럼 나에게 날아왔다.

하나님이 고통이라는 확성기를 통해 인류에게 말씀하시는 것은 일반적인 문제다. 그러나 고통은 결코 그렇게 일반적인 형태로만 우리에게 오지 않는다. 고통은 삶을 찌르는 듯한, 특정한 충격으로 다가온다. 그렇기 때문에 나는 의아해하는 것이다.

나의 목구멍이 이렇게 쓰라릴 때 이를 통해서 하나님은 무엇을 내게 말씀하려고 하시는 걸까? 내 친구의 죽음을 통해서는? 하나님께 책임이 있는 것일까? 하나님은 나에게 혹은 유바시의 생존자들에게 주고 싶은 특정 메시지를 갖고 계신 것일까?

고통은 우리 몸을 보호한다는 점에서 가치가 있다. 이 점은 거의 모든 사람이 인정하는 사실이다. 고통당하는 것은 심지어 이 오염된 행성 위에서 영원히 살지 않는, 도움이 필요한 우리의 상태를 지적해 준다는 점에서도 가치가 있다. 이것은 적어도 대부분의 그리스도인들이 인정할 수 있는 사실이다.

그렇지만 고통과 고난에 관한 정신적인 혼란의 대부분은 그다음 단계에서 찾아온다. 즉 만일 하나님이 세상의 모든 고통과 관련해 어떤 식으로든 책임을 갖고 계시다면, 어째서 하나님은 그토록 변덕스럽고 불공평하신 것일까? 하나님은 우리가 그토록 몸부림치는 데 재미를 느끼는 우주의 폭군이신가?

한 만찬석에서 내 바로 옆에 앉았던 어떤 손님이, 남아메리카에서 최근 있었던 지진 이야기를 꺼냈다.

"그 지진 사고에서 그리스도인들이 비그리스도인들에 비해 훨씬 낮은 비율로 사망한 사실을 알고 계셨습니까?"

순간 죽음을 당한 그리스도인들에 대해 의문이 떠올랐다. 그들은 무슨 짓을 했기에 저 비난받기 쉬운 이교도들과 함께 버림받았을까?

그리고 나는 그 손님의 말속에 들어 있는 잘난 체하는 태도를 엿보고 놀랐다. 그는 마치 옛날 로마의 원형 경기장에서 그리스도인 대로마인 검투사들이 4 대 3이라는 득점 차를 내는 장면을 보고 있는 것 같았다.

하나님은 어떻게 그분이 으리를 위해 만들어 놓으신 이 세상으로 개입해 들어오시는 것일까? 하나님은 왜 우리 가까이를 맴돌면서 이따금 팔을 꺾기도 하고, 비극적인 죽음을 일으키기도 하고, 홍수를 보내기도 하시는 것일까? 어째서 묵묵히 앉아 세상이 전쟁과 비극과 거센 역사 속으로 휘갈려 들어가도록 내버려두시는 것일까?

성경은 무엇이라 하는가?

구약성경을 살펴본다면, 하나님이 인간 역사에 규칙적으로 개입하셨음을 보게 될 것이다.

하나님은 일관성 있는 이유들 때문에 굉장히 자주 그렇게 하셨다. 선한 사람들에게 상을 주시고 악한 사람들을 벌하시려는 뜻에서 말이다. 때때로 그분은 고난을 내리기도 하셨으며, 심지어 사람들의 죽음을 초래하기까지 하셨다. 오직 한 가지 교훈을 주시기 위해 군대가 전쟁에서 패하도록 하시기도 했다.

선지서에는 고난에 대한 경고들이 가득 들어 있다. 그러나 좀 더 가까이 들여다보라. 선지자들은 파멸을 선포하면서 언제나 먼저 그 파멸을 초래한 죄의 목록을 말했다. 아모스는 이스라엘의 인접 이방 국가들 위에 임할 하나님의 심판을 전하기 전에 먼저 그들의 모든 큰 죄를 묘사했다. 예레미야, 하박국, 호세아, 에스겔도 모두 이스라엘의 형벌을 야기한 인상적인 죄악의 목록을 똑똑히 밝혀 두었다. 그리고 '하나님이 참으실지도 모른다'는 희망을 제시할 때 그들은 언제나 이를 회개와 연결시켰다.

이스라엘이 회개하고 하나님께로 돌이키면 하나님의 손길이 그 위에 머물렀다. 그러나 그 백성이 계속 반역하면 파멸하고 말았다. 심판은 명백히 하나님께로부터 온 것이었지만 그 심판은 변덕스럽지도, 불공평하지도 않았다. 그것은 일관성 있었으며 많은 경고와 함께 왔다.

시편 역시 상벌의 사고방식으로 가득하다. 다윗은 자신의 성실함에 대한 보상과 더불어 대적들의 부정에 대한 처벌을 하나님께 간절히 탄원했다.[2]

이처럼 나타나 있는 그대로만 볼 때, 구약성경에서 하나님은 이 세상에 가끔 개입하시는 분으로 나와 있다. 비록 하나님이 세상의 자연 질서 가운데서 기적과 변화를 일으키기는 하셨지만, 보통 그런 경우에는 상당한 경고 후에 그렇게 하셨다. 그러나 그 개입들마저도 예외적이었고 어떤 법칙이 있었던 것은 아니다. 박해를 받은 선지자들과 경건한 사람들의 피비린내 나는 역사를 읽어 보기만 해도 우리는 하나님이 거의 개입하지 않으셨다는 사실을 깨달을 수 있다.

그러나 신약성경은 구약성경의 상벌의 양상에서 멀리 벗어나 있다. 이는 아마도 세상에 나타난 하나님의 행동 양상의 변화 때문일 것이다.

이 땅에 오신 하나님

예수께서 세상에 오심으로써 전례 없는 심오한 일이 일어났는데, 그것은 하나님이 인간 역사 가운데 완전히 들어오신 것이다. 그분은 더 이상 '밖에 계시면서' 어떤 변화를 위해 이따금 역사 속에 살짝 관여하지 않으셨다. 하나님은 갑자기 한 인간의 몸으로 지구라는 행성에 주재하셨다. 그것은 이전의 양상에 어떻게 영향을 미쳤을까?

예수님도 초자연적인 기적들을 행하셨으나(벌하기 위해서는 전혀 행하지 않으셨다), 그렇게 하신 경우는 보통 더 깊은 진리를 설명하실 때였다. 요한복음은 그 기적들을 "표적"이라 부른다. 때로 예수님은 자신을 따르는 이들에게 표적을 행하는 것이, 단지 그들에게 그 표적이 필요해서였을 뿐이라고 말씀하시면서 개입을 꺼리시는 것 같다. 예수님은 자주 사람들에게 기적에 대한 소문을 퍼뜨리지 말라고 말씀하셨다. 어떤 경우에는 예수님이 고의적으로 자연 질서 가운데 개입하지 않으신 적도 있다. 예를 들어, 예수님은 죽음 직전의 가장 고통스러운 시간에 자신을 건지도록 천사들을 불러 내리지 않으셨다.

그렇다면 예수님은 우리에게, 하나님이 매일 우리의 삶에 개입하시는 것이 좋지 않다고 말씀하신 것일까?

예수님은 "고난에 대한 책임은 누구에게 있는가?"라는 질문을 어떻게 다루셨는가? 여기에도 역시 엇갈린 대답들이 있다.

누가복음 13장 16절에서 예수님은 18년 동안 병 가운데 묶여 있던 한 여인의 고통을 사탄이 준 것이라고 선포하셨다.

그러나 바로 같은 장에서 예수님은 그 인과 관계에 대한 질문을 회피하셨다. 어떤 사람이 로마의 총독 빌라도가 성전에서 제물을 드리던 유대인들을 학살했다고 하자, 예수님은 다음과 같이 말씀하셨다.

"너희는 이 갈릴리 사람들이 이같이 해 받으므로 다른 모든 갈릴리 사람보다 죄가 더 있는 줄 아느냐"(눅 13:2).

예수님은 당시에 있었던 또 하나의 비극적 사건 곧 실로암의 망대가 무너져 열여덟 사람이 치어 죽은 사건을 끄집어내어 같은 질문을 던지셨다. 요컨대 예수님은 이 사고를 당한 사람들이 그런 운명을 당해야 마땅한 어떤 일도 저지르지 않았음을 암시하셨던 것이다. 그들은 다른 사람들과 똑같은 사람들이었다. 망대가 무너진 것은 그저 허술하게 세워졌기 때문일 것이다.

내 생각으로는, 예수님이 유바시의 비극에 대해서도 비슷하게 대답하셨을 것 같다. "너희는 그들이 다른 십 대들보다 더 나쁜 죄인들이라고 생각하느냐?"라고 말이다. 아마도 그 버스 사고는 단순히 운전기사의 실수나 기계 결함 때문이었는지 모른다.

하나님이 원인일까?

이와 같은 성경의 암시들로 인해, 나는 하나님이 우리에게 특정 교훈을 가르치기 위해 고난을 야기시키신다는 견해에 의심을 품는다.

그분은 고난이 존재하도록 허용하시며, 고난은 그분의 확성기로서 그 역할을 다한다. 그렇지만 하나님이 특정 목적을 위해 적극적으로 고통을 가하신다고는 믿지 않는다.

나는 자동차 사고로 죽은 한 십 대 소녀의 장례 예배에 참석한 적이 있다. 소녀의 어머니는 통곡하며 말했다.

"주님이 이 아이를 데려가셨어요. 어떤 목적이 있으셨겠지요. 주여, 감사합니다."

또한 나는 "하나님은 무엇을 내게 가르치려고 이러실까요?"라고 질문하는 환자와도 같이 있어 보았다. 그들은 모두 잘못 말하고 있는지 모른다. 하나님은 우리가 고통당할 때마다 매번 특정 사실을 우리에게 말씀하시는 것은 아니다. 그저 고통과 고난은 우리 행성의 일부이며, 그리스도인이라고 해서 예외는 아닌 것이다.

우리는 왜 우리가 병에 걸리는지를 어느 정도 알고 있다. 운동이 너무 부족하거나, 음식 조절을 잘 못해서, 또는 병원균에 접촉했기 때문이다. 정말로 위험한 일을 만날 때마다 우리는 매번 하나님이 우리를 보호하시면서 우리 주위를 돌고 계시다고 확신하는가?

물론 욥기를 보면 고난에 대한 명백한 교훈이 들려온다. 욥은 그 시대에 가장 의롭고 경건한 사람이었다. 그는 마음을 다해 하나님을 사랑했다. 하나님은 사탄에게, 사람들 중에 이렇게 신실한 사람도 있다는 것을 증명하기 위해 욥을 하나의 모델로 사용하기까지 하셨다.

그러나 어떤 일이 일어났는가? 믿을 수 없게도, 욥은 비참하고 불공평한 일을 연속해서 만났다. 침입자들, 화재, 강도 그리고 태풍이 차례로 그의 목장을 습격했다. 욥의 대가족 구성원과 모든 소유물이 사라지고 오직 그의 아내만 남게 되었다. 게다가 욥은 악성 종기로 몸을 긁으며 신음했다. 그 변덕스러운 고난은 그가 믿는 공정하신 사랑의 하나님과 일치되지 않았다.

그러한 배경 가운데 욥과 그의 세 친구들은 고난의 신비에 대해 토론을 하게 되는데, 세 친구들의 논거는 사실상 동일했다.

"욥이여, 하나님이 네게 무언가를 말씀하고 계시다. 너는 헤아릴 수 없는 고난을 당해 왔다. 거기에는 반드시 이유가 있을 것이다. 간단히 말해서, 네가 범죄했기에 하나님의 분노를 산 것이다. 그러니 죄를 고백해라. 그러면 하나님이 너를 불운에서 풀어 주실 것이다."

욥이 선택할 수 있는 또 다른 길을 그의 아내가 말했다. 즉 "하나님을 저주하고 죽으라"는 것이다.

욥은 그중 어떠한 선택도 받아들이지 못했다. 그는 자신에게 일어난 사건들이 공정하지 않다는 것을 알고 있었다. 완전히 절망한 가운데, 욥은 심지어 하나님이 '무죄한 자의 절망도 비웃으시는' 폭군이라는 생각까지 하게 된다(욥 9:23).

그렇다면 욥을 위한 해답은 어디에 있을까? 세 친구들의 말에는 거의 모든 종류의 책에 들어 있는 고통에 대한 변호가 포함되어 있다. 그 친구들은 충실하고 경건한 사람들처럼 보인다. 그러나 하나님은 그들의 모든 웅변을 그저 "공허한 말"이라 부르셨다.

욥은 몇 가지 이유 때문에 친구들의 논거를 거부했다. 우선 자기는 벌을 받을 이유가 없다는 생각 때문이었다. 이런 이유로 욥은 "네가 그러면 하나님보다 더 의로우냐?"라는 공격을 받으면서까지 자신의 위치를 고수했다. 그가 또 주목한 사실은 악과 선에 대한 처벌과 보상이 정비례하지 않다는 점이었다. 즉 어떤 거룩한 사람들은 고통스럽고 비참한 삶을 사는 반면, 도둑들은 살이 찌고 번창하는 것이다.

고통스러운 자유

또 한 가지, 욥이 논쟁 가운데서 암시한 것은 세 친구들의 입을 꼼짝없이 다물게 만들었다. 즉 그는 인간의 자유에 대한 원리를 들추어냈다. 우리는 종종 모든 사람이 '자기가 받아 마땅한 것을 받게 되기'를 바란다.

자, 세상에 있는 모든 사람이 하나님이 기대하시는 바를 명확히 알 수 있다고 하자. 만일 그들이 순종하면 마치 훈련된 물개에게 생선이 주어지듯 상을 받는다. 반대로 불순종한다면 그들은 전기 충격 같은 고문을 받는다. 얼마나 공정하고 일관성 있는 세상인가.

그러나 그런 세상에는 하나의 거대한 결함이 존재한다. 그것은 진정한 자유가 없다는 사실이다. 우리는 순수한 동기에서가 아니라 사리사욕 때문에 올바로 행동하게 될 것이다. 선은 이기적인 동기들로 오염되고, 하나님을 사랑하되 미리 계획된 갈망 때문에 하나님을 사랑할 것이다. 마치 동작하고 반응하고, 동작하고 반응하는, 행동주의 심리학자 버러스 스키너(Burrhus F. Skinner)의 상자와 실험용 생쥐처럼 말이다.

이와는 대조적으로 성경에서 묘사된 그리스도인의 인격은 유혹이나 충동 앞에서도 하나님과 그분의 길을 선택할 때 비로소 성장한다. 존 웬햄(John W. Wenham)은 이렇게 단언한다.

> 가장 지고한 선이란 내가 하나님의 뜻을 행하고 있음을 아는 것 말고는 그 어떠한 상도 요구하지 않는 데 있다. 어떤 행위들이 진정한 의미에서 미덕이 되려면 상과 고통이 공적에 비례해서는 안 된다. 만일 어떤 행위의 보상이 즉각적이고 그 가치가 별로 대수롭지 않을 때, 그것이 옳다는 이유만으로 행동하기란 매우 어렵다.3)

하나님은 우리가 자유의지로 그분을 사랑하길 원하신다. 심지어 그 선택이 고통을 수반할지라도, 어떤 상에 매달려서가 아니라 그분이 아버지이기 때문에 사랑하기를 원하신다. 설혹 욥처럼 하나님을 심히 부인할 만한 온갖 이유가 있을 때라도, 우리가 그분께 붙어 있기를 원하시는 것이다.

바로 이것이 욥의 교훈이라고 나는 믿는다. 사탄은 하나님이 욥에게 많은 상을 주셨기 때문에 욥이 하나님께 잘하는 것이라고 말했다. 과연 욥은 하나님이 번창하게 해주셨기 때문에 성실했을까?

그렇지 않다는 것을 그 시험이 증명했다. 욥은 비록 자기의 세계가 무너지고 하나님마저 등 돌리신 것 같은 순간에도 끝까지 하나님께 성실했다. 욥의 경우, 명백히 "하나님은 불공평하시다"라고 단정할 수 있는 상황이었음에도 그는 하나님의 공정하심을 끝까지 붙잡았다. 욥은 선물을 받고자 선물을 주시는 분을 찾지 않았다.

그렇기 때문에 고난이 하나님의 벌과 그렇게 자주 동일시되는 구약에서도 욥의 모본은 빛나고 있는 것이다. 욥이 감내한 고난은 하나님이 궁극적으로 자유로이 드린 사랑에 관심을 갖고 계시다는 사실을 증명해 보이기 위한 것으로서, 그가 마땅히 겪지 않았어도 되었을 그런 고난이었다.

묶여 있지 않은 자유인

이것은 실로 이해하기 힘든 진리다. 위대한 인물들도 이 지점에서 걸려 넘어졌다. 칼 융(Carl Jung)은 욥기에 나오는 하나님의 행위를 변명하기 위해 엉뚱한 지점에까지 비약했다. 즉 하나님이 욥을 다루신 방법에 죄의식을 느껴 성육신과 예수님의 죽음을 결정하신 것이라고 가르쳤다. 하나님이 예수님의 몸으로 세상에 오신 까닭은 그분이 잘못 처신한 것에 대해 도덕 의식을 함양하기 위해서였다는 것이다.

그러나 융은 인간이 자유의지로 하나님께 드리는 사랑에 주어진 보상을 과소평가한 것인지 모른다. 욥의 충성스러운 반응이 하나님께는 너무도 소중했기 때문에 하나님은 명백한 불공정을 허용하신 것이다. 우리가 자유로이 드리는 사랑이 하나님께는 너무도 중요해서, 하나님은 우리가 살고 있는 행성이 그분의 우주 안에서 악의 근원이 되도록 당분간 허용하시는 것이다.

그러면 하나님은 우리를 고난 가운데 내버려두시면서 정작 자신은 고난을 모면하시는 분일까? 그렇지 않다. 시작도 끝도 없는 영원하신 그분은 처음부터 피 흘리며 십자가에 매달리셨으며 야유하는 군중의 조롱 소리를 들으셨다. 다만 이 모든 것을 감내하실 만큼 우리의 자유의지에서 오는 진심이 그분께는 그만한 가치가 있었다.

성경 전체를 통해서 하나님과 그 자녀들 사이의 관계를 설명하는 하나의 비유가 되풀이된다. 즉 신부에게 구애하는 한 남편으로서의 하나님의 모습이 그러하다. 그분은 신부의 사랑을 원하신다. 만일 세상이 모든 죄는 고난으로 처벌되고, 모든 선행은 쾌감으로 보상받도록 만들어졌다면, 이 비유는 아무 효력이 없을 것이다. 오히려 그 상황에는 강탈해서 방 안에 가두고는, 집에 돌아오면 틀림없이 그녀가 있을 것을 확신할 수 있는 '묶인' 여인의 비유가 더 적합할 것이다.

그러나 하나님은 자신의 쾌락을 위해 신부인 교회를 그렇게 '묶어 두는' 분이 아니시다. 그분은 우리를 사랑하시며, 우리에게 자신을 주시며, 우리의 자유로운 반응을 간절히 기다리시는 분이다.

간단히 말해서, 욥기는 '우리가 고통을 당하는 것은 반드시 하나님이 우리를 벌하고 계시거나 우리에게 특정 말씀을 하고 싶으시기 때문'이라는 개념을 바꿔 놓고 있다.

때로 하나님은 형벌로서 고난을 보내기도 하신다(애굽의 열 가지 재앙처럼). 하지만 당신은 욥의 친구들처럼 논쟁을 벌여서도 안 되고, 모든 고난이 특정 실패와 관계된 것이라고 생각해서도 안 된다. 하나님도 그들의 비난을 반박하셨다.

하나님의 뜻

만약 우리가 회교도들처럼 모든 고통과 고난을 그저 교훈으로 인정한다면, 그다음의 논리적인 단계는 피할 수 없는 운명론이 될 것이다.

만일 소아마비, 콜레라, 말라리아, 역병, 황열병 같은 것들이 하나님의 일을 대행하는 것들이라고 한다면, 왜 사람이 그것들과 대항해야 한단 말인가? 하나님이 우리에게 교훈을 주려고 그것들을 보내셨는데 말이다.

교회는 과거, 사실상 이 교리에서 과오를 범했으며, 세속 작가들은 교회의 약점을 통찰력 있게 파헤쳐 냈다. 알베르 카뮈는 소설 『페스트』에서 하나의 모순에 괴로워하는 가톨릭 사제 파늘루(Paneloux) 신부를 그리고 있다. 사제는 그 역병과 싸우는 데 진력해야 할지, 아니면 그의 교구민들에게 그것을 하나님의 뜻으로 받아들이도록 가르쳐야 할지 고민했다. 결국 그는 설교에서 다음과 같이 결론을 내린다.

맞습니다. 한 어린아이의 고통은 감정적으로 그리고 정신적으로 굴욕적인 것이었습니다. 그러나 그 점이 바로, 우리가 그 사실을 받아들여야만 하는 이유였습니다. 그리고 그랬기 때문에 또한 (이 지점에서 파늘루 신부는 그 자리에 참석한 사람들에게 자기가 말하려고 하는 것은 표현하기가 어렵다는 점을 분명히 했다) 그것이 하나님이 원하신 바였기 때문에 우리도 그것을 원해야 하는 것입니다. 그렇게 함으로써 기독교인은 그 문제를 정직하게 대면할 수 있습니다.

… 우리는 우리가 받아들일 수 없는 사실의 핵심을 향해 곧장 들어가야 합니다. 그래야만 우리는 선택을 할 수 있기 때문입니다. 어린아이들에게 닥친 고난은 우리들에게 주어진 쓴 빵이었습니다. 그러나 이 빵이 없다면 우리의 영혼은 영적 굶주림으로 죽고 말 것입니다.[4]

수년 전, 시카고대학과 서던일리노이대학 출신의 두 조사원이 전국을 휩쓴 토네이도의 희생자들을 대상으로 연구를 한 적이 있다. 그들이 발견한 사실은(건물 자재 같은 요인들을 참작하고서라도) 중서부에 비해 남부에서 토네이도 관련 사망 사례가 많다는 것이었다.

보다 종교적인 남부 사람들은 재난에 대해 숙명론적인 태도를 보였다. 즉 "닥치면 닥치는 것이요, 그 재난을 막기 위해 내가 할 수 있는 일은 없다"는 태도였다. 이와는 대조적으로 중서부 사람들은 일기 예보에 귀를 기울이고, 허술한 장비들을 정비하고, 토네이도 경보 지역 밖 안전한 장소로 대피했던 것이다.

예수님은 질병과 절망과 싸우며 지구상에서 그분의 생을 보내셨다. 그분은 결코 숙명론적인 태도나 고난을 체념적으로 받아들이는 태도를 보이지 않으셨다. 우리는 이 오염된 행성의 구성원으로서, 인간의 타락이 가져온 부작용들과 투쟁해야 할 권리와 의무를 가지고 있다.

그리스도인의 잘못된 확신

잘못된 삶이라고 해서 항상 고난 가운데 있지는 않듯이, 선한 삶이라고 해서 잔인한 고통을 면제받지는 않는다. 사실 성경, 특히 신약성경에는 좀 덜 고통스럽고 평안하게 살기 원하는 그리스도인들에게 위로와 격려가 되는 말씀이 거의 없다. 적어도 이생에서 그리스도인의 운명은 위협적인 쪽으로 결정이 났다.

야고보와 베드로의 서신들 그리고 히브리서는 모두 그리스도인에게 "고난받을 준비를 하라"고 권고하고 있다. 그리고 히브리서 11장에 나오는 '믿음의 전당'에는 매 맞아 죽은 사람, 채찍에 맞은 사람, 옥에 갇힌 사람, 돌에 맞은 사람, 광야에서 굶어 죽은 사람들이 있다. 어떤 그리스도인, 특히 하나님의 기적적인 치유를 강조하는 이들은 자신들의 믿음과 대치되는 성경의 이러한 부분들로 인해 당황한다.

"왜 성경 시대에 하나님은 좀 더 많이 개입하지 않으셨을까? 왜 하나님은 모든 그리스도인을 고쳐 주지 않으실까?"

이러한 질문들은 어떤 값을 치르고서라도 고통을 피해 가고 싶은 마음을 드러낸다. 우리는 치유 은사를 특집으로 다룬 잡지나 TV 프로그램을 크게 부각시킴으로써 믿음을 강조한다. 그러나 이로 인해 빈번히 나타나는 부작용이 있다. 병 고침을 받지 못한 사람들이 자신은 하나님께 버림받았다고 느끼도록 만드는 것이다.

믿음이란 초자연적인 현상도 포함하지만, 또한 결과가 어떠하든지 매일매일 의존하는 신뢰도 포함한다. 진정한 믿음은 확고한 증거가 없는 믿음, 곧 보이지 않는 것들의 증거요 바라는 것들의 실상을 믿는 것을 의미한다(히 11:1). 하나님은 그저 단순한 마력 같은 힘이 아니다.

최근에 나는 TV에서 시청자가 전화로 참여하는 치유 프로그램을 본 적이 있다. 한 참여자가 자신의 다리를 절단하기로 한 일주일 전에 그 다리가 치유되었다고 말하자 큰 박수갈채가 터져 나왔다. 청중은 크게 환호성을 질렀고 사회자는 이렇게 선포했다.

"이 일은 오늘 저녁 우리가 본 가장 큰 기적입니다!"

그 순간, 나는 얼마나 많은 절단 수술을 받은 사람들이 슬픈 마음으로, 어디서 자신들의 믿음이 떨어졌는지를 생각하며 그 프로그램을 보고 있을까, 생각하지 않을 수 없었다. 병든 사람이라고 신실하지 않은 것이 아니다. 성경 그 어디에서도 그리스도인이 그리스도인이 아닌 사람들보다 더 쉽고, 더 유쾌하고, 더 안전한 삶을 살아야 한다고 주장하고 있지 않다.

인격 형성

하나님은 존 힉(John H. Hick) 교수가 『종교철학』이라는 책에서 단언한 것처럼 불완전한 창조물들을 다루고 계시다.

지구의 환경은 '인격 형성'의 과정, 즉 자유로운 존재들이 그 과정 가운데서 하나님의 자녀가 되기를 선택할 수 있는 과정을 촉진시킬 만한 환경이어야 한다. 우리가 사는 세상의 거친 구석구석들이 이러한 격투와 대결의 과정을 허용하고 있다. 비록 인간들이 자유를 남용하고 서로를 상해할 수 있을지라도, 고정된 법칙이 있고 인간의 자유가 허용된 세상의 유익들이 있음을 우리는 이미 살펴보았다. 힉 교수는 그러한 유토피아적 이미지를 한 단계 더 끌고 나가, 과오가 없는 세상은 실제로 우리를 위한 하나님의 설계들을 사장시킬 것이라고 주장한다.

> 사실과 반대로, 이 세상이 만일 고통과 고난의 모든 가능성이 배제된 하나의 낙원이라 가정해 보자. 예를 들면, 아무도 다른 사람을 상해할 수 없다. 살인자의 칼은 종잇조각으로, 그의 총알은 공기로 바뀔 것이며, 백만 달러를 도난당한 은행 금고는 기적적으로 다른 백만 달러로 채워질 것이고(이런 장치가 없다면, 규모가 얼마나 크든지 간에 금액이 팽창되어 채워질 것이며) 사기, 음모, 반역 같은 것들도 어떻게든지 사회 구조에 아무런 피해도 남기는 법이 없을 것이다. 또한 아무도 사고로 부상을 당하는 일이 없을 것이다.
> … 이와 같이 각각의 경우에 적당한 조정이 지속적으로 일어나려면, 자연은 일반 법칙들에 의해서 움직이는 대신에 '특별 섭리'를 작동시켜야 할 것이다. 자연 법칙들은 극도로 유동적이 되어, 어떤 때는 중력이 작용하다가 어떤 때는 작용하지 않을 것이며, 한 물체가 어떤 때는 단단하다가 어떤 때는 부드러워질 것이다
> 조금씩 상상이 되기 시작하는가? 분명한 사실은 그 세상 안에서 우리가 현재 갖고 있는 윤리 개념은 아무 의미도 갖지 못하리라는

점이다. 즉 우리가 상상하는 쾌락주의자의 낙원 안에는 잘못된 행위들도, 잘못된 행위와 구별되는 올바른 행위들도 있을 수 없다. 용기와 용맹은 위험이나 곤란이라는 것이 존재하지 않는 이상 아무 의미도 갖지 못한다.

너그러움, 친절, 아가페적 사랑, 신중함, 희생, 그 밖에 안정된 환경에서의 삶의 전제가 되는 다른 모든 개념도 마찬가지일 것이다. 결과적으로 그러한 세상은 즐거움은 잘 조장시켜 줄지 몰라도, 인격의 도덕적인 특성을 계발시키는 데는 매우 부적합하다. 이러한 목적과 관련해 볼 때, 그것은 모든 세상 가운데 가장 나쁜 세상일 뿐이다.

인격적인 삶의 가장 좋은 특성을 지닌 자유로운 존재들에 있어서 그들의 성장을 가능케 하는 환경에 살고 있다면, 우리가 현재 사는 이 세상과 많은 공통점을 가졌을 것 같다. 그런 세상은 일반적이고 신뢰할 만한 법칙들에 의해서 움직여지며, 진정한 위험, 곤란, 문제, 장애물들과, 또한 고통, 실패, 슬픔, 좌절과 패배의 가능성들을 포함하고 있어야 한다. 만일 그런 세상이 우리가 갖고 있는 어떤 특별한 시련과 위험들을 포함하고 있지 않다면, 그것들을 대신할 다른 어떤 것들을 갖고 있어야 할 것이다.

이 점을 깨달아야 바로 … '육신이 상속받은 마음의 상처와 수천 가지의 자연적 충격들'을 모두 포함하고 있는 이 세상이 오히려 '인격 형성'이라는 목적을 위해서는 적합한 곳일 수도 있다는 사실을 이해하게 된다.[5]

어떤 의미에서, 하나님은 직접 개입하셔서 우리를 위해 믿음을 준비하시고, 예외적인 방법들로 우리를 도우시는 편이 훨씬 쉬우셨을 것이다. 그러나 하나님은 그렇게 하지 않으신다. 그분은 우리 스스로가 걷고, 우리가 영혼을 빚어 가는 과정에 참여하기를 요구하시면서, 사랑으로 두 팔을 벌리고 서 계시는 방법을 택하셨다. 바로 그 과정이 고통을 수반한다.

C. S. 루이스는 이러한 개념을 『고통의 문제』에서 아름답게 확대시키고 있다. 여기에 일부를 옮겨 보겠다.

> 우리는 천국에 계신 아버지보다는 천국에 계신 그저 좋기만 한 할아버지를 원하는 경향이 있다. 우리가 바라는 이 할아버지가 우주를 위해 생각해 놓으신 계획이란, 마치 하루가 끝나는 마지막 시간에 "오늘도 다들 즐거운 시간을 보냈구나"라고 말씀하실 만한 만사형통한 계획이다.
>
> 나도 그러한 무사 안일주의로 지배되는 우주 안에 살기를 원하지만, 현실이 그렇지 못하다는 것이 어느 모로 보나 명백하다. 무엇보다 "하나님은 사랑이시라"라는 것을 믿을 만한 이유를 내가 갖고 있는 이상, 나는 사랑에 대한 나의 개념을 수정할 수밖에 없다. 인간의 고난과 사랑의 하나님의 존재를 조화시키는 문제는, 우리가 '사랑'이라는 단어에 천박한 의미를 붙이고 하나님의 지혜를 우리가 지혜라고 생각하는 것으로 제한하는 한 해결될 수 없는 문제로 남게 될 것이다.

화가가 어린아이를 즐겁게 해주려고 심심풀이로 그림을 그릴 때는 많은 수고를 들이지 않는다. 그는 그림이 자기가 의도한 대로 정확히 그려지지 않았어도 그냥 내버려둘지 모른다. 그러나 일생의 역작을 위해서라면 그는 심혈을 기울일 것이다.

어떤 화가가 지우고 다시 그리기를 계속하다가 열 번째에 가서야 그림을 완성했다고 가정해 보자. 그러나 우리는 그 작품을 보면서 이 그림이 1분 만에 그릴 수 있는 것이기를 바랄 수 있다. 마찬가지로 우리가 하나님이 우리를 위해 별로 대단하지 않은(덜 힘든) 인생을 계획하셨기를 바라는 것은 자연스럽다. 그러나 그렇게 바라는 것은 더 좋은 것이 아니라 더 못한 것을 바라는 것이다.[6]

하나님은 고통을 통해서 혹은 고통을 무릅쓰고 우리에게 말씀하고 계신다. 하나님은 우리가 그분을 깨닫도록 고통을 사용하실 수도 있다. 하나님이 완성하고 계신 교향곡에는 단음, 화음, 불협화음 그리고 지루하게 반복되는 푸가의 악절들도 포함되어 있다.

그렇지만 이러한 초기 과정들을 통과하여 하나님의 지휘를 계속 따라가는 이들의 입에서는 어느 날엔가 새 노래가 터져 나올 것이다.

Where is GOD when it hurts?

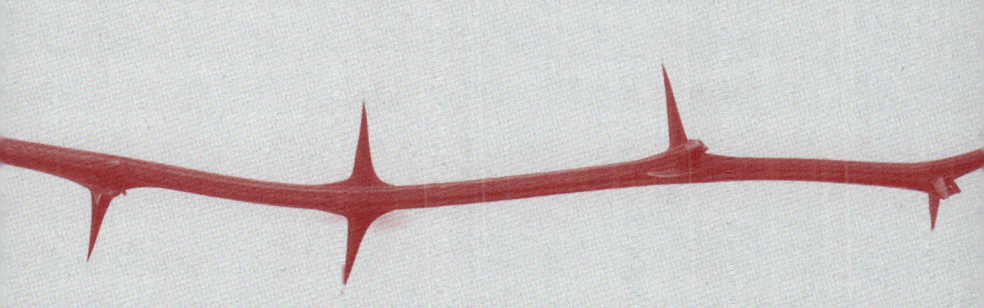

Part 2
고통을 만났을 때 사람들은 어떻게 할까?

✦

그분은 어린아이에게만 나타나신다.
완전하게 순수한 어린아이에게만 나타나신다.
이 세상의 모든 훈련은
어른을 어린아이로 만드는 것이어야 한다.
그럼으로써 하나님이 그들에게
나타나실 수 있도록 말이다.

- 조지 맥도널드(George MacDonald), 『본질적인 삶』(*Life Essential*)

✦

7

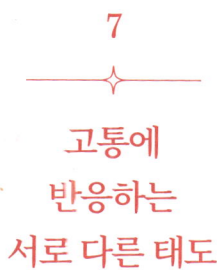

고통에 반응하는 서로 다른 태도

내 생각에 고난은 두 가지 쟁점을 갖고 있는 것 같다.

첫째는 "도대체 누가 나의 고난을 일으켰는가?" 하는 것이고, 둘째는 나의 반응에 대해서다. 우리 대부분은 어떻게 반응할 것인지를 결정하기 전에 고통의 원인을 먼저 밝혀내려고 노력한다. 그런데 우리가 원인에 집중하면 할수록 하나님께 대한 우리의 분노는 커질 수밖에 없다.

"누가 고통을 일으키는가?"라는 질문을 가장 생생하게 제시하는 부분인 욥기에서, 하나님은 고의적으로 그 쟁점을 회피하신다. 하나님은 결코 욥에게 원인을 설명하지 않으셨다. 전체적으로 성경은 '원인'의 쟁점에서 '반응'의 쟁점으로 방향을 돌린다. 즉 "고통과 고난은 이미 일어났다. 그러면 이제 너는 무엇을 하겠느냐?"다.

원인에 대한 토론의 대가들인 욥의 친구들은 오만상을 찌푸린 채 자리를 떠나고 말았다.

성경에서 이 점만은 너무나도 분명히 해두었기 때문에, 그리스도인들 앞에 놓인 진정한 쟁점이란 "하나님께 책임이 있는가?"가 아니라, "이 무서운 일이 일어난 지금 나는 어떻게 반응해야 하는가?"라고 결론을 내릴 수밖에 없다. 이러한 이유 때문에, 이 책의 후반부에서는 고통에 반응하는 여러 가지 방법들을 발견한 사람들의 사례들을 다루었다.

고통에 대한 최선의 반응에 대해, 성경은 다음과 같이 자주 일정하지 않은 대답을 주고 있다.

"내 형제들이여, 여러분이 여러 가지 시련을 만날 때, 그것을 순전한 기쁨으로 여기시오. 그것은 여러분의 믿음의 시련이 인내를 만들어 낸다는 것을 여러분이 알기 때문입니다. 여러분이 아무 결함이 없는 성숙하고 완전한 사람이 되려면 인내가 끝까지 이루어져야 하는 것입니다"(약 1:2-4, NIV, 역자 직역).

"사랑하는 친구들이여, 여러분이 겪고 있는 고통스러운 시련을 놓고, 여러분에게 무슨 이상한 일이나 일어나고 있는 것처럼 놀라지 마십시오. 오히려 주의 영광이 나타날 때 여러분이 기뻐할 수 있도록, 여러분이 그리스도의 고난에 참여한다는 사실로 기뻐하십시오"(벧전 4:12-13, NIV, 역자 직역).

"비록 지금 잠시 동안 여러분이 여러 가지 시련들을 당하고 있을지 모르지만 여러분은 이 가운데서도 크게 기뻐해야 합니다. 이것들이 여러분에게 온 것은 여러분의 믿음, 불로써 연단하면 결국은 없어질 금보다 더 귀한 믿음이 순수해지고 예수 그리스도가 나타나실 때 칭찬과 영광과 존귀를 가져올 수 있도록 하기 위함입니다"(벧전 1:6-7, NIV, 역자 직역).

고난을 대하는 이상적인 태도에 관해 성경에 나타난 가장 좋은 실례 하나는 신체적 고통이 아닌 정신적 고통을 다루고 있다. 곧 바울의 편지다. 그 정신적 고통은 바울이 고린도 교회에 강경한 어조의 편지를 보낸 후 생겼다. 바울은 그 편지를 회상하면서 이렇게 썼다.

"그 편지가 여러분에게 얼마나 고통스러웠을까 생각하면서 비록 내 마음이 한동안 무척 아팠지만, 이제는 내가 여러분에게 그 편지를 썼던 것을 후회하지는 않습니다. 그 편지는 잠시 동안만 여러분을 아프게 했습니다. 지금은 내가 그것을 보낸 것을 기뻐합니다. 그것은 그 편지가 여러분 마음을 아프게 했기 때문이 아니라, 그 고통이 여러분을 하나님께로 향하게 해주었기 때문입니다. 여러분이 느낀 아픔은 하나님이 자기 백성들에게 있기를 바라시는, 좋은 의미의 슬픔이었습니다. 그래서 나는 이제 엄한 모습으로 여러분에게 갈 필요가 없게 되었습니다. 그것은 하나님은 때로 우리가 죄에서 돌이켜 영생을 좇을 수 있도록 도와주시려고 우리 생애

가운데 슬픔을 사용하시기 때문입니다. 우리는 하나님께서 그것을 보내시는 것을 결코 슬퍼해서는 안 됩니다"(고후 7:8-11, 리빙 바이블, 역자 직역).

"고통이 당신을 하나님께로 향하게 해주었다."

나의 견해로는, 이것이 고통의 역할에 대한 가장 정확하고도 간명한 요약이라고 생각한다.[1] 고통의 원인이 아니라 그리스도인의 반응을 강조하는 성경과 조화되기 때문이다. 또한 앞서 인용한 바 있는 예수님이 다루신 두 가지 참사(눅 13장), 즉 빌라도의 유대인 학살 사건과 실로암에서 망대가 무너져 열여덟 사람이 압사한 사건의 경우와도 맞아들어간다. 예수님은 다음과 같은 잊을 수 없는 경고로 그 각각의 논쟁을 매듭지으셨다.

"너희도 만일 회개하지 아니하면 다 이와 같이 망하리라"(눅 13:3).

바로 앞선 2절에서 예수님은 이 참사들이 인간의 행위의 결과로서 하나님에 의해 야기된 것이 아니라고 선포하신 후에("너희는 그들이 다른 갈릴리 사람들보다 더 몹쓸 죄인들이었다고 생각하느냐?") 곧장 사람들의 반응 쪽으로 초점을 돌리셨다. 그리스도인이 아닌 사람에게 이 메시지는 생의 다른 가치들도 생각해 보고 영원을 주시는 하나님께로 돌아오라는 경고일 것이다. 한편 그리스도인에게는 마치 어린아이가 부모에게 오듯이 신뢰함으로 하나님께 돌아오라는 교훈이 된다.

우리의 변화

얼핏 보기에 성경의 제안, 특히 "즐거워하라"와 "기뻐하라"는 말은 문병객의 격려 연설과 별반 차이가 없어 보인다. 그러나 조금만 더 가까이 들여다보면, 각각의 제안에는 어떤 생산적인 결과가 뒤따르고 있다. 고난은 그 무엇을 생산해 낸다. 그것은 가치 있는 것이요, 그것은 우리를 변화시킨다. 앞의 성경 구절들은 여러 가지 다른 산물들을 강조한다. 상급, 인내, 인격 등이 그것이다.

이 사실, 즉 우리의 반응이 생산적이 될 수 있다는 사실은 고난을 이해하는 데 유용하다. 우리는 종종 생산적인 고난을 달가워한다. 운동선수들과 임산부들은 고통이 가져올 결과를 바라기 때문에 고통을 자원한다. 고난에 대한 그리스도인의 적절한 반응은 병원에 누워 있는 환자에게도 앞서와 동일한 소망을 준다고 성경은 말한다. 그 사람은 자기의 고통으로 인해 좀 더 나은 사람이 될 수 있는 것이다.

성경의 나머지 부분은 "즐거워하라"와 "기뻐하라"는 말 위에 빛을 던져 주고 있다. 이 말을 할 때 사도들은 "이를 악물고 참아라", 또는 "아무 일도 일어나지 않은 것처럼 행동하라"고 하지 않았다. 이러한 태도는 고난에 대한 그리스도나 바울의 반응에서도 찾아볼 수 없다. 만일 그런 태도가 목표라면, 그 목표에 이르는 가장 빠른 방법은 하나님을 신뢰하는 것이 아니라 자기만족일 것이다. 성경에는 또한 "고통을 즐기라"는 식의 자기 학대적 암시도 없다. '고난 중에 즐거워함' 이란 그리스도인들은 울고 싶을 때도 비극과 고통에 즐거워해야 한

7. 고통에 반응하는 서로 다른 태도

다는 의미가 아니다. 그런 견해는 정직함, 감정의 진실된 표현을 왜곡하는 것이다.

성경은 마지막 결과, 즉 하나님이 우리의 삶 가운데서 고통을 사용해 이루실 수 있는 일에 관심을 집중한다. 그러나 하나님은 결과를 만들어 내시기 전에, 먼저 우리가 그분을 신뢰하고 그분께 의탁하기를 원하신다. 그리고 바로 그렇게 그분께 의탁하는 과정을 묘사함에 있어 성경은 "기뻐하라"는 말을 쓰는 것이다.

메리의 투쟁

고통 가운데 있는 사람들은 하나님께로 향하는 법을 배우기 전에 먼저 번민의 날들을 보낸다. 브랜드 박사의 환자 중 한 명인 메리 버기스(Mary Verghese) 역시 비극적인 사고를 겪은 후 처음 얼마 동안은 슬픔, 비통, 고민에 빠져 있었다.[2]

메리는 한센병 환자가 아니었다. 오히려 그녀는 브랜드 박사가 인도 선교사로 있을 때 그의 한센병 치료원에서 수련의로 일했다. 어느 날 그녀는 다른 젊은 의사들과 함께 스테이션왜건을 타고 소풍을 갔다. 새로 입사한 운전기사는 얼마간 느릿한 스쿨버스 뒤를 쫓아가다가 마치 자기의 운전 솜씨를 과시하려는 듯 거칠게 차를 몰아 스쿨버스를 앞질렀다. 그 순간, 정면에서 다른 차가 오고 있는 것을 발견하고 브레이크를 밟는다는 게 그만 액셀러레이터를 건드리고 말았다. 차는 붕 날아 둑 아래로 굴러떨어졌다.

유망한 젊은 의사 메리는 광대뼈에서부터 턱까지 찢어진 상태로 둑 밑바닥에 누워 있었다. 또한 그녀의 양다리는 죽은 나뭇가지처럼 쓸모없이 매달려 있었다.

그 후 몇 달 동안, 메리는 거의 견딜 수 없는 고통을 겪어 내야 했다. 밖의 기온은 35드나 되었는데, 병실 안에서 메리는 바람을 차단하는 아크릴 소재의 옷과 두꺼운 플라스틱 보조기에 휘감겨 있었다. 그 상태로 물리 치료를 받는 괴로운 시간을 보내야 했다. 매 주일 그녀는 다리가 핀에 찔리는 느낌을 느끼기 위해 감각 테스트를 받았지만 매번 실패했다.

낙담과 실의에 빠진 메리를 보고 브랜드 박사는 생각했던 이야기를 하기로 결심했다.

"메리, 나는 지금이 의사로서 앞으로 어떻게 일할지 고려해 볼 때라고 생각합니다."

처음에 그녀는 브랜드 박사가 농담을 하고 있다고 생각했다. 하지만 그는 메리가 앞으로 의사로서 계속 하나님을 섬길 수 있으며, 아마도 다른 환자들에게 신선한 동정과 이해심을 보여 줄 수 있으리라 예견했다. 그녀는 오랫동안 그의 제안을 숙고했다. 그러나 자신이 의사로 일할 정도로 회복될 수 있을지 전혀 알 수 없었다.

차츰차츰 메리는 한센병 환자들을 상대로 일하기 시작했다. 직원들은 환자들의 자기연민, 절망, 침울함이 메리가 그들 주위에 있을 때 사라져 버리는 것을 발견했다. 한센병 환자들은 자기들보다 더 장애를 가진 채 휠체어에 앉아 있는 의사에 대해서 서로들 수군거렸다.

어느 날 브랜드 박사는 메리가 병원 건물들 사이에서 휠체어를 굴리고 있는 모습을 보고 그녀에게 어떻게 지내는지를 물었다. 그녀는 "처음에는 실이 너무 엉키고 잘린 것 같았어요. 하지만 삶은 어떻든 하나의 무늬를 만들 수 있는 게 아닌가 하는 생각이 들더군요"라고 대답했다.

얼마 안 가서 메리는 수술실에서 일을 돕게 되었다. 앉아서 중심을 유지해 가며 수술해야 했으므로 피곤하고 힘든 일이었다.

메리가 회복되기 위해서는 척추 대수술 외에도 수많은 시간의 고통스러운 물리 치료 과정이 필요했다. 그렇지만 그녀는 가냘픈 희망을 붙잡았다. 그녀는 지금의 장애가 자신을 비참한 삶으로 떨어트리기 위한 하나님의 형벌이 아니라는 사실을 깨닫기 시작했다. 오히려 장애는 의사인 그녀에게는 가장 큰 자산으로 바뀔 수 있는 것이었다. 그녀는 장애인 환자들을 쉽게 사귀고 받아 줄 수 있었다.

결국 메리는 보조기를 하고 걷는 법을 배웠다. 뉴욕의 물리 치료 재활원에서 장학생으로 수학했으며, 후에는 인도의 벨로어 물리 치료 학교의 한 신설 학과 책임자가 되었다. 메리는 하나님을 향함으로써 그리고 하나님이 자신의 삶을 위해 새로운 도안을 짜 주실 수 있다는 사실을 받아들임으로써 사고가 일어나기 전보다 훨씬 더 많은 성취를 이룰 수 있었다.

메리 버기스와 대조를 이루는 실례들도 있다. 고난의 시기에 하나님으로부터 돌아서 버린, 당신이 알고 있는 사람들을 생각해 보라. 그들이 선택할 수 있는 유일한 다른 길이란 스스로에게 주의를 집중하는 것이다. 그들은 마치 그들의 병이 삶의 유일한 부분인 양 이야기한다. 불평을 늘어놓다가 잔소리가 심해지고 침울해진다. 그들은 모든 사람의 마음속에 숨어 있는 자기연민의 감정을 토로한다. 우울증이 자주 그들의 병을 부채질한다. 그들은 세상과 관계할 수 있는 유일한 길이 동정심에 애걸하는 것이라 착각한다.

나는 하나님이 고난당하는 사람들 중에 이 유형의 사람은 사랑하시고 저 유형의 사람은 거부하신다거나, 혹은 이런 사람이 저런 사람보다 더 '영적'이라는 말을 하고 있는 것이 아니다. 나는 고난이 사람을 좀 더 낫게 만드는 '은혜의 방편'이 될 수 있음을 배우는 소수의 사람들만큼이나, 화를 내고 투쟁하며 소리 지르는 사람들도 하나님은 이해하신다고 믿는다.

하나님이 우리에게 고난을 허용하시는 이유를 정확히 아는 것이 왜 도움이 될까? 그런 지식은 더 큰 쓰라림을 야기할지도 모르는데 말이다. 그러나 하나님이 우리에게 그분을 향하라고 요구하실 때, 그것은 우리의 상태에 도움을 준다. 그것은 우리의 자기만족을 무너뜨리고 우리 안에 하나님에 대한 깊고 새로운 신앙심을 창조해 낼 수 있다.

대학살에 대한 반응

나는 지난 두 달 사이에 제2차 세계대전 당시 나치의 유태인 대학살에서 살아남은 생존자들의 통절한 기록 두 편을 읽었다. 대학살은 역사상 어느 사건 못지않게 하나님의 공의에 대한 질문을 던졌다.

"어떻게 하나님은 600만 명이라는 자기의 '선민'이 잔인하게 짓밟히도록 내버려두실 수 있었을까?"

두 글의 주인공인 엘리 위젤(Elie Wiesel)과 코리 텐 붐(Corrie ten Boom)은 이 끔찍한 고난에 대해 완전히 다른 두 가지 반응을 나타냈다.

위젤이 쓴 『밤』은 그 어떤 책보다도 감동적이다. 그는 간결하고 잘 짜인 문장들로 자신이 보낸 십 대 시절의 끔찍한 장면들을 묘사하고 있다. 위젤은 자기 마을에 있는 유태인 전부가 유태인 지역 안에 한데 묶인 채로 소유물을 빼앗기고, 가축을 싣는 차에 실려 가서는, 그들 중 삼분의 일이 죽어 가는 모습을 지켜보았다. 특히 그는 어머니, 어린 여동생 그리고 가족 모두가 뜨거운 가마 속에서 사라져 가는 것을 목격했다.

위젤은 갓난아기들이 갈퀴로 던져지고, 아이들이 목매달리며, 허약한 사람들이 빵 한 조각 때문에 동료 포로들에게 살해당하는 것도 보았다. 그 자신은 자주 곤봉으로 무자비하게 두들겨 맞았으나 다행히 죽음을 모면했다.

위젤이 탄 기차는 첫날 밤에 버켄바우에 멈추었다. 시커먼 연기가 거대한 가마에서 뿜어져 나오고 있었다. 난생처음 위젤은 불에 타는 사람의 냄새를 맡았다.

> 나는 그 밤을 결코 잊지 않겠다고 일곱 번 저주하고, 일곱 번 다짐했다. 어린아이들의 작은 얼굴들, 말 없는 푸른 하늘 밑으로 그들의 몸이 연기로 변해 올라갔던 것을 나는 결코 잊지 못할 것이다.

나에게서 영원히 살고 싶은 욕망을 빼앗아 갔던 그 밤의 정적을 나는 결코 잊지 못할 것이다. 나의 하나님과 나의 영혼을 살해하고 나의 꿈을 재로 만들었던 그 순간들을 결코 잊지 못할 것이다. 비록 내가 하나님만큼 오래 살도록 선고받는다 할지라도, 나는 그 일들을 절대로 잊지 못할 것이다. 절대로.[3]

위젤이 쓴 책들은 모두 절망적인 비극의 곡조를 밑바탕에 깔고 호소하고 있다. 『밤』의 서문에서, 프랑스의 노벨상 수상 작가인 프랑수아 모리아크(Francois Mauriac)는 위젤의 이야기를 들은 후에 자신이 처음으로 위젤을 만났던 순간을 이렇게 적고 있다.

이 젊은 이스라엘인에게로 처음 나를 이끌었던 것이 무엇인지를 내가 깨닫게 된 것은 바로 그때였다. 저 표정, 죽음에서 일어난 나사로의 그것 같은. 그러나 아직도 저 수치스러운 송장들 사이에서 걸려 넘어지면서 길을 찾지 못해 헤매던, 그 소름 끼치는 경계선 안에 갇혀 있는 한 포로의 모습이었다. 그를 대신하여, 니체의 외침은 거의 살에 와닿는 하나의 현실을 표현했다. 하나님은 죽었다. 사랑, 온유, 소망의 하나님, 아브라함과 이삭과 야곱의 하나님은, 이 아이의 눈빛 아래로, 모든 우상 중에 가장 게걸스러운, 바로 인종이라는 괴물이 재촉한 한 인류의 대학살 연기 속으로 영원히 자취를 감추었다. 그리고 얼마나 많은 경건한 유태인들이 이 죽음을 맛보았던가!

그날, 공포의 나날들 중에서조차 공포스러웠던 그날, 그 아이가, 그의 말대로는 한 슬픈 천사의 얼굴을 가졌던 또 다른 아이가 목매달리는 것을 보았을 때, 그는 뒤에서 누군가 이렇게 신음하는 소리를 들었다. "하나님은 어디 있는가? 그는 어디 있는가? 지금 그가 어디에 있을 수 있단 말인가?"[4]

또한 모리아크는 다음과 같은 질문을 던진다.

우리는 이 공포의 결과에 대해서 생각해 보았는가? 비록 다른 폭행들보다는 덜 선명하고 덜 인상적일지는 몰라도, 우리 중 믿음을 가졌다는 이들에게는 모든 것 중에 가장 나쁜 결과, 즉 어느 날 갑자기 완전한 악을 발견한 어린아이의 영혼 속에 이루어지는 하나님의 죽음을….[5]

깊은 구덩이

우리 중 대다수는 인간의 비극에 압도당한 채 위젤의 편에 서려는 경향이 있다. 위젤이 묘사하는 것과 같은 일을 겪은 후에 누가 다시 삶을 시작할 수 있겠는가? 어떻게 '희망', '행복', '기쁨' 같은 단어들이 다시 의미를 가질 수 있을까? 어느 누가 고난은 인격을 빚어내는 가치가 있다고 이야기할 수 있단 말인가? 위젤은 자신의 인간성을 집어 던진 체험을 거의 일종의 해방 체험으로까지 표현했다.

도리어 나는 매우 강한 힘을 느꼈다. 나는 원고요 하나님은 피고였다. 나는 눈을 뜨고 있었고 혼자였다. 하나님도 없고 사람도 없는 세상 가운데 무섭도록 혼자였다. 사랑도 자비도 없이, 나는 한 줌의 재가 되고 싶었다. 그러나 나는 자신이, 내 삶을 오래도록 묶어 왔었던 전능자도다 더 강하다는 것을 느꼈다.[6]

『밤』과 위젤의 다른 책들에 기록된 심오한 글을 읽은 후에 나는 코리 텐 붐의 『주는 나의 피난처』를 읽었다. 『밤』에 있는 모든 고통과 고난이 코리가 경험한 박해의 실화 가운데도 그대로 나타나 있었다.

코리는 유태인이 아니었으나 유태인들을 도와준 혐의로 독일에 있는 사형수 수용소에 끌려갔다. 그녀도 사람들이 살해당하는 모습을 보았으며, 그녀의 언니가 죽는 것을 지켜보았고, 채찍을 맞아 고통스러웠으며, 완전한 악의 세상을 느꼈다. 비록 위젤처럼 생생한 강도로 그 경험을 묘사하지는 않지만, 그녀 역시 같은 질문들을 제기했으며, 때때로 그녀의 분노는 하나님을 향해서 불같이 타올랐다.

그러나 『주는 나의 피난처』에는 또 다른 요소, 즉 희망과 승리의 요소가 들어 있다. 이 책은 전체적으로 '작은 기적들'이라는 실들로 짜여 있다. 성경 공부, 찬송, 사랑과 희생의 행위들이 그것이다. 그리고 처음부터 끝까지 코리와 그녀의 언니 벳시(Betsie)는 그들을 보고 계시며 돌보시는 하나님을 신뢰한다.

내가 고백하지 않으면 안 될 사실은, 비록 나도 전적으로 코리의 인생관에 동조하며 그녀가 믿는 사랑의 하나님을 믿고 있지만, 그녀의 책이 위젤의 것과 비교해서 가볍다는 생각을 물리치기 어려웠다는 점이다. 그것은 마치 어떤 어둡고 위협적인 그 무엇이 내 안에서 나를 절망으로 끌어 잡아당기며, 나로 하여금 "하나님의 고소인으로서 도도한 엘리 위젤의 곁에 서서 믿음이라는 억압적인 차꼬를 벗어던지라"고 재촉하는 것 같았다. 나는 희망으로부터 벗어나 절망을 향해 달아나려는 인간의 선천적 충동에 사로잡혔던 것이다.

하나님은 우리의 절망과 불신의 순간들을 정죄하지 않으신다. 그분은 몸소 지구 안으로 뛰어들어 잔혹하고 어리석은 고난을 견디셨다. 최후의 순간에, 그분의 아들은 그 잔이 자기에게서 떠날 수 있겠는지를 물었으며, 십자가 위에서 "하나님이여, 왜 당신은 나를 버리셨습니까"라고 소리쳤다. 『밤』에서 그토록 강렬하게 묘사된 극도의 격분과 절망과 어둠의 완전한 범위가 기독교의 교훈, 고통받는 세상과의 완전한 일체감 가운데 들어 있다. 그러나 기독교는 여기서 한 단계 더 나아갔는데, 그것은 부활이라는 걸림돌이었다.

우리를 기쁨과 승리 가운데로 초대하시는 하나님은 우리에게 낙천주의자의 세상을 받아들이라고 요구하시는 것이 아니다. 그분은 단지 인간의 체험 위에 보다 높은 '신비'를 더하시는 것이다.

하나님은 소망 없는 환경에도 불구하고 소망을 요구하신다. 고난이 우리를 아프게 찢을 때 하나님은 우리가 그분을 거부하지 않고 어린아이처럼 반응하기를 요구하신다. 그분의 지혜를 신뢰하면서 코리가 말했듯, "구덩이가 아무리 깊을지라도 하나님의 사랑은 그보다 더 깊다"는 사실을 인정하면서 말이다.

다카우의 목사

크리스첸 리거(Christian Reger)는 독일 뮌헨 인근 다카우에서 4년간 포로 생활을 했다. 그는 히틀러를 반대한 독일주립교회의 지교회인 고백교회에 속해 있었다(그 교회의 두 지도자는 마르틴 니묄러와 디트리히 본회퍼였다). 리거는 교회 반주자에 의해 행정 당국에 넘겨져, 멀리 수백 킬로미터 떨어진 다카우로 이송되었다.

나는 다카우 수용소 마당에서 리거를 처음 만났다. 리거가 지도자로 있는 국제다카우위원회는 그 수용소를 전 세계가 잊지 못하도록 하나의 유적으로 복원시켜 놓았다. "결코 다시는"(Never Again)이 그들의 슬로건이다. 다카우 수용소는 찾기 어렵다. 독일 시민들이 그곳을 여행자들의 명소로 부각시키기를 꺼리기 때문이다. 내가 찾아간 날은 흐리고 춥고 음침했다. 아침 안개가 아직 땅에 낮게 깔려 있었고, 걸을 때마다 얼굴과 손에 습기가 몰려왔다.

다카우 수용소의 면모는 많이 남아 있지 않았다. 다만 전쟁 때부터 세워져 있던 원형 모양 그대로의 화장 가마가 있었다. 그 당시에는 30개의 막사가 있었으나 지금은 30센티미터 높이밖에 안 되는 철근 기초석들이 막사가 있던 장소에 놓여 있었다. 막사 한 개가 복원되면서, 방문객들은 208명을 수용하도록 지어진 막사 안으로 때로는 1,600명이 밀려 들어왔던 당시 상황을 그려 보게 되었다.

안개, 어두컴컴함 그리고 일부만 남은 건물들이 섬뜩하고 엄숙한 장면을 만들어 냈다. 한 어린아이가 막사의 기초석 위에서 놀고 있었고, 철조망 바로 옆에는 라일락이 피어 있었다. 나는 가톨릭 수도원과 유태인 기념관 옆에 서 있는 개신교 예배당 안에서 리거를 발견했다. 그는 마당을 돌아다니며 여행자들을 찾아내 자신의 수용소 생활을 회상하면서 질문에 (독어, 영어, 불어로) 답해 주고 있었다. 그는 석탄이 부족해 마침내 가마를 잠가 버렸던 마지막 겨울에 대해 이야기했다. 포로들은 더 이상 막사 위에 목매달려 불에 타 죽는 동료들의 악취를 맡지 않게 되었다. 그러자 죽은 시체들이 알몸으로 눈 속에 던져져 마치 장작더미처럼 쌓여 갔다.

크리스천 리거는 당신이 청한다면 끔찍한 이야기들을 더 들려줄 것이다. 그러나 그는 결코 거기서 끝내지 않고 계속해서 자신의 신앙을 말해 줄 것이다. 어떻게 다카우에서 자신이 하나님의 방문을 받았는가를 말이다.

"니체는 사람이 만일 자기 생의 이유를 안다면 고통을 견딜 수 있다고 말했습니다. 그러나 저는 이곳 다카우에서 훨씬 더 큰 것을 배웠습니다. 나는 내 생의 주인공을 알게 되었던 겁니다. 그분은 그때에도 나를 지켜 주시기에 충분하셨고, 지금도 역시 나를 지켜 주시기에 충분하십니다."

처음부터 그랬던 것은 아니었다. 다카우에서 첫 한 달을 보낸 후에, 리거는 엘리 위젤처럼 사랑의 하나님에게서 모든 희망을 단념했다. 하나님의 존재를 부인하는 편이, 한 나치 포로의 시야에서 볼 때는 훨씬 나았다. 바로 그러한 때였던 1941년 7월, 그의 의심에 도전하는 일이 일어났다.

포로들은 한 달에 한 통씩만 편지를 받는 것이 허용되었는데, 그가 투옥된 지 꼭 한 달 되던 날에 아내에게서 첫 번째 소식이 왔다. 검열관들에 의해서 잘게 조각조각 오려진 편지에는 가족들의 소식과 그를 향한 아내의 사랑의 메시지가 적혀 있었다. 맨 밑에는 성경 구절이 적혀 있었는데, 사도행전 4장 26-29절 말씀이었다. 리거는 감옥에서 풀려나온 베드로와 요한의 연설 가운데 일부인 그 구절을 훑어보았다.

"세상의 군왕들이 저각기 일어나고, 통치자들은 함께 모여 주와 그의 기름 부으신 자를 대적합니다. 과연 헤롯과 본디오 빌라도가 하나님이 기름 부으신 하나님의 거룩한 종 예수님을 대적하여 음모를 꾸미려고 이 도시 안에 있는 이방 사람들과 이스라엘 백성과 함께 모였습니다. 그들은 하나님의 능력과 뜻으로 미리 정해 두신 일들을 행했습니다. 주여, 이제 그들의 협박을 하감하시고 주의 종들로 하여금 담대함을 가지고 하나님의 말씀을 전하게 해주옵소서"(행 4:26-29, NIV, 역자 직역).

그날 저녁 리거는 심문관을 만나도록 되어 있었는데, 그것은 수용소에서는 가장 무서운 순간이었다. 그는 동료 그리스도인들의 이름을 대도록 강요받을 것이며, 만일 그가 그 압력에 굴복한다면 동료들은 체포되어 죽을 수도 있었다. 반대로 만일 그가 심문에 협조하기를 거부한다면, 그는 곤봉으로 두들겨 맞고 전기 고문을 당하게 될 게

7. 고통에 반응하는 서로 다른 태도

뻔했다. 그 성경 구절은 리거에게 별 의미를 주지 못했다. 이와 같은 때에 하나님은 어떠한 도움이 되어 주실 수 있을까?

리거는 심문실 밖의 대기 장소로 옮겨졌다. 그는 떨고 있었다. 문이 열리고 리거가 한 번도 만나 본 적이 없는 한 동료 목사가 나왔다. 리거를 쳐다보지도 않고 표정도 바꾸지 않은 채 그 목사는 그에게로 걸어와 코트 주머니에 무언가를 슬쩍 집어넣고 가 버렸다. 얼마 후 친위대원들이 나타나 리거를 방 안으로 데려갔다. 심문은 무사히 진행되었다. 놀라울 정도로 심문이 쉬웠고 폭력도 없었다.

막사로 되돌아왔을 때 리거는 긴장으로 온몸이 땀에 흠뻑 젖어 있었다. 그는 진정하려고 몇 분 동안 심호흡을 하고는 잠자리로 기어가 짚을 뒤집어썼다. 그때 갑자기 심문실 밖에서 만난 목사와의 일이 생각났다. 그가 주머니 안에 손을 넣자 성냥갑이 잡혔다.

아, 얼마나 친절한 행동인가! 성냥은 막사에서 돈으로 살 수 없는 귀한 물건인데 말이다.

그러나 성냥갑 속에 성냥은 하나도 없고 접힌 종이뿐이었다. 종이를 펴 본 리거의 심장은 마구 뛰었다. 종이에 단정하게 쓰인 내용은 사도행전 4장 26-29절 말씀이었다!

그것은 하나의 기적, 하나님께로부터 온 메시지였다. 그 목사가 리거의 아내에게서 온 편지를 보았을 가능성은 전혀 없었다. 그는 그 목사를 알지도 못했다. 하나님은 자신이 여전히 살아 있으며, 여전히 힘 주실 수 있으며, 여전히 신뢰할 만한 분이심을 친히 증명하시려고 그 사건을 마련하셨던 것이다.

그 순간 이후로 리거는 변했다. 그것은 많은 기적 가운데 하나의 작은 기적이었으나, 그 후 4년 동안 다카우에서 보게 될 잔학상, 살인 그리고 인간의 악행이 흔들어 놓을 수 없는 반석 위에 그의 믿음을 세워 주기에 충분했다.

"하나님은 나를 구해 내지도, 내 고난을 쉽게 만들지도 않으셨습니다. 단지 나에게 그분은 여전히 살아 있으며, 여전히 내가 여기 있다는 것을 안다고 증명해 주셨습니다. 우리 그리스도인들은 함께 모였습니다. 우리는 이곳에 다른 사형수 목사들과 신부들과 함께 한 교회를 만들었습니다. 강제 초교파 운동. 우리는 그것을 그렇게 불렀지요. 우리의 신분은 한 몸, 그리스도의 몸의 지체임을 발견했습니다.

나는 나의 사례만을 말할 수 있습니다. 다른 사람들은 다카우 수용소 때문에 하나님으로부터 돌아섰습니다. 내가 누구이기에 그들을 판단하겠습니까? 나는 단지 하나님이 나를 만나 주셨다는 사실을 알 뿐입니다. 나에게 그분은 다카우에서도 충분하셨습니다."

앞을 바라봄

신학은 이 같은 '거름더미 위의 파랑새'라는 현상을 설명하기 위해 '섭리'라고 부르는 원리를 우리에게 제공한다. 섭리 때문에 크거와 코리의 고난의 결과는 수많은 사람에게 희망과 기쁨을 가져다주었다. 섭리 때문에 예수께서 십자가에 못 박히셨다는 외관상의 비극은 세상을 위한 구원이 되었다.

"하나님은 나치 제도나 아들의 죽음을 바라셨을까?"

이러한 질문은 대답할 여지가 없는 것이다. 분명히 하나님은 자신의 인격 때문에 그처럼 잔혹한 일들을 바라실 수 없었을 것이다. 그렇지만 하나님은 그것들을 막지 않기를 택하셨다. 그것은 내가 섭리를 '앞을 바라보는 원리'로서 이해하는 데 큰 도움을 준다.

내가 성경에서 보게 되는 강조점은 뒤를 돌아다보며 하나님을 비난하기 위해 그분께 책임이 있는지를 찾는 것이 아니다. 욥에게 답하시는 가운데 하나님이 외관상의 비극을 가지고 무엇을 만드실 수 있을지 앞을 바라보는 것이다.

고통의 순간에 어떤 좋은 일이 올 것을 상상하는 일은 불가능해 보일지 모른다. 하지만 겟세마네의 그리스도에게는 분명 그렇게 보였을 것이다. 어떻게 고난이나 악이 기뻐할 이유로 변할 수 있는지는 우리에게 분명하지 않지만, 그것을 믿는 것이 우리에게 요구된다.

Where is GOD when it hurts?

지속되는 나의 고통은
터무니없이 격심한 데서
참을 수 없도록 괴로운 정도를 오가고 있다.
왜 하나님은 나의 기도에 응답하지 않으실까?

- 브라이언 스턴버그(Brian Sternberg)

8
기적을 굳게 믿는 확고한 믿음

    1963년 7월 2일, 브라이언 스턴버그(Brian Sternberg)는 약 3m 높이에서 추락했다. 1초 사이에 벌어진 그 추락 사고는 그의 생애를 풍비박산 내고 말았다.

    그 사건이 있기 전 스턴버그의 가정은 따스함, 희열, 즐거움으로 가득 찼었다. 고등학생 시절, 그는 장대높이뛰기라는 높은 꿈에 자신을 걸었다. 장대를 들고 미친 듯이 돌진해 가는 것, 장대를 꽂을 때의 쿵 하는 진동, 퓨마가 뛰어오르듯 반동의 힘으로 힘껏 점프하는 것, 새총에서 발사된 조약돌처럼 휙 던져지는 느낌! 이것들에서 그는 짜릿함을 느꼈다.

    브라이언에게는 장대늪이뛰기 기술이 뛰어난 것만으로는 충분하지 못했다. 기술과 더불어 우아함을 갖추면 더 좋을 것이라고 생각한 그는 체조를 하기로 결심했다. 그는 신체를 숙달하는 희열을 만끽하면서, 공중제비와 회전과 재주넘기 등을 폭넓게 익혔다. 힘의 발레라고 볼 수 있는 체조는 아마 운동 중에서도 최고의 숙달을 요하는 종목일 것이다. 브라이언은 격렬한 도약 기술에다 예술을 접목했던 것이다.

워싱턴대학 신입생 시절, 브라이언은 4미터 78센티미터라는 전국대학 신입생 신기록을 세웠다. 2학년에 올라가서는 육상 잡지에서 선정한 '세계 제일의 장대높이뛰기 선수'로 등극했다. 그는 일약 세계적인 운동선수로 대두되었다.

1963년이었다. 존 F. 케네디(John F. Kennedy)가 대통령이었고, 소련을 이기는 것이 하나의 국가적 관심사였다. 미국은 브라이언 스턴버그라는 우승자를 확보한 듯했고, 세계의 이목은 이 19세 소년에게 집중되었다.

1963년 시즌은 믿을 수 없을 정도로 대성공이었다. 브라이언은 매주 스포츠 면의 톱기사를 장식했다. 실외 경기에서 승리를 거둔 그는 실내 경기에서도 미국 신기록을 세웠다. 그해 봄에는 그의 첫 번째 장대높이뛰기 세계 신기록인 5미터를 수립했다. 곧이어 브라이언은 5미터 5센티미터와 5미터 8센티미터라는 기록을 세웠으며, 미국대학경기협회와 미국체육협회 타이틀을 모두 석권했다. 스턴버그 가족에게는 굉장한 나날들이었다.

그러나 그 영광은 오래가지 못했다. 7월 2일, 브라이언이 마지막 세계 신기록을 세운 지 3주 후에 상황은 완전히 달라졌다.

10년이 훨씬 지난 지금도 브라이언은 여전히 싸우고 있지만, 더 이상 장대높이뛰기 싸움은 아니다.

갑작스런 사고

브라이언이 자신의 스웨터를 잡아채며 "엄마, 연습장에 준비 운동 좀 하러 가요!" 하고 소리쳤던 때부터 시련은 시작되었다. 그는 차를 몰고 강을 건너 워싱턴대학에 도착해서 준비 운동을 시작했다. 미국 육상팀은 소련 여행을 준비하고 있었고, 브라이언은 연습 시간을 대단히 중요하게 여겼다. 그다음 일어난 사건을 브라이언은 이렇게 묘사했다.

> 트램펄린 운동에서 무서운 순간이 있다고 하면, 그것은 트램펄린 매트를 박차고 뛰어오르는 순간일 것이다. 그 순간은 아무리 경험 많은 체조 선수라 할지라도 어떤 뚜렷한 이유 없이, 매트 의에 다시 무사히 떨어져 내릴 때까지, 사라지지 않는 공포심을 가질 때가 가끔 있다. 그날 내가 뛰어오를 때, 그 느낌이 느껴졌다. 나는 공중에서 정신이 아찔해졌고, 이전에 그 느낌이 을 때면 여러 차례 그랬듯이 손과 발로 매트에 떨어져 내리리라고 생각했다. 그러나 대신에 나는 머리를 박고 떨어졌다. 나는 내 목에서 딱 하는 소리를 들었고, 그다음은 모든 것이 아득했다. 팔과 다리가 내 눈앞에서 둥둥 뛰고 있었지만 나는 그것들이 움직이는 것을 느낄 수

없었다. 그 튀는 것이 멈추기 전까지도 나는 내가 낼 수 있는 큰 소리로 "마비가 됐어요"라고 고함치고 있었지만, 실제적으로 폐의 힘을 잃었기 때문에 그 소리는 아주 약했다.

나는 움직일 수 없었다. 처음에는 그것이 무서웠지만 곧 어떤 이유에서인지 그 공포가 사라졌다. 나는 나를 내려다보고 있는 사람들에게 말했다. "나를 건드리지 마세요. 특히 내 목을 움직이지 마세요." 어느 순간, 숨을 쉴 힘을 잃었고 나는 밖으로 옮겨지고 있었다. 그 순간에도 인공 호흡을 시키는 것에 대해 한 동료에게 "다른 것은 다 해도 내 머리만은 기울이지 말아 줘"라고 말했던 기억이 난다.

우리가 의사를 기다리는 동안 나에게는 두 차례 진짜 괴로움이 몰려왔다. 그것은 신체적인 고통이 아니었다. 내게 일어난 일을 생각하니 마음이 무너졌다. 그러나 그때도 나는 운동을 다시 할 수 있을까만 생각했지 다시 걷지 못한다는 생각은 하지 못했다.[1]

악몽 그리고 깨어남

하루 종일 침대에 누워 있으면서, '머리' 하나만 온전한 브라이언은 촉각적 환상을 경험했다. 그는 자기 마음대로 명령할 수 있는 상상의 팔과 다리를 만들어 냈다. 그는 열심히 집중해서 '농구공' 같은 대상을 생각하곤 했다. 어떻게든지 그의 잠재의식은 그의 신경 중추에 농구공에 대한 정확한 기억을 전달했고, 그는 마치 자기 손 안에 농구공을 잡고 있는 것처럼 느꼈다. 그는 그 감각이 현실과 맞닿을 날을 고대했기 때문에, 그런 장난이 처음에는 재미가 있었다.

그런데 그만 그 장난들이 그가 상상해 낸 손가락에 달라붙어서 떠나질 않았다. 어떤 때는 면도날 같은 달갑지 않은 대상들을 느끼곤 했다. 예리한 날을 가진 물건들이 그의 손 위로 지나가면서 참기 어렵고 괴로운 결과를 가져올 때도 있었다. 물론 모두가 상상이었지만 브라이언의 고통 감각 수용 기관에는 너무도 생생한 것이었다. 얼마 동안 그는 손가락 끝다다 호두가 딱 달라붙어 있는 환상을 떨쳐 버릴 수 없었다.

환상보다도 더 가혹한 우울증 발작이 경고 없이 찾아오기도 했다. 수 시간 똑같은 벽을 바라보며 초집중한 상태에서 근육들을 움직여 보려고 필사적으로 노력했다. 그는 자신의 운동선수다운 신체가 시들어 가고 활동하지 않는 데 적응해 가는 모습을 볼 수 있었다. 그리고 아무리 열심히 노력해도 실패할 때마다 자신이 들어갈 더 깊은 구멍을 팠다. 그는 의사들에게 소리쳤다.

"다 끝장이에요. 나는 내가 무엇을 하고 있는지 모르겠어요. 아무 일도 일어나지 않는 걸요. 이렇게 묶여 누워 있는 것은 견딜 수 없어요. 나는 지쳤어요. 움직이려는 노력도 너무 오래됐어요. 이젠 더 못하겠어요…."[2]

눈물과 흐느낌으로 브라이언은 더 이상 말을 잇지 못했다.

이 혐오스러운 우울증이 찾아올 때, 브라이언이 매달리는 몇몇 위로 가운데 하나는 다른 사람들의 응원이었다. 그의 가족과 여자 친구 그리고 멀리 타국에서 보내온 위문 편지들이었다. 그의 부모는 매일 한 시간씩 편지를 읽어 주었다. 편지들은 대개 응원과 기도의 내용을 담은 소박한 것들이었다. 어떤 79세 노인은 이렇게 썼다.

"나는 몸이 좋지 않지만 척추 하나는 좋아. 그걸 네게 줄 수 있다면 좋으련만."

세계운동위원회로부터 지원이 쏟아져 들어왔다. 소련에서는 그를 기념하기 위해 전례 없던 특별 메달을 만들었다. 축구계에서도 캔자스시티 단장들이 그를 위해 자선 시합을 열기도 했다.

여러 주 후에 가장 심각한 우울증이 시작되었다. 의사들은 아무런 격려도 해주지 않았다. 브라이언과 같은 부상을 입은 사람들 중에 다시 걸을 수 있게 된 사람은 아무도 없었다.

그를 그 구멍에서 끌어내 준 것은 오리건주 애쉬랜드의 기독육상인회와 전화로 이야기를 나눈 일이었다. 브라이언은 한 시간 이상 운동선수들과 이야기했고 코치와 스포츠 인사들과도 대화를 나누었다. 이들 그리스도인은 브라이언의 회복을 믿었고, 브라이언도 그것을 받아들이도록 용기를 북돋워 주었다.

사고가 있은 지 석 달 후, 브라이언은 그때를 자기가 그리스도인으로 깨어나게 된 시기라고 기억했다. 그는 많은 생각을 했고 그 생각들을 통해 몇 가지를 배웠다.

그는 만일 자기가 다시 걸을 수 있게 된다면, 그것은 반드시 하나님의 도우심으로만 되리라는 것을 깨달았다. 그의 사지는 아무리 잡아당긴다 해도 움직여질 수 없었다. 만일 그의 척추 안에 죽은 신경 섬유가 있다면 다시 만들어져야 할 것이나, 그것은 의슬이 할 수 없는 일이었다. 그러나 그가 또한 알고 있는 사실은 하나님을 믿는다는 것이 "나를 고쳐 주십시오. 그러면 믿겠습니다" 하는 식의 흥정거리가 될 수 없다는 사실이다. 하나님은, 그분이 믿을 만한 분이시기 때문에, 바로 그 이유에서 믿어야 했다. 그는 그 모험을 받아들이고 그의 일생을 예수 그리스도께 위탁했다.

브라이언은 그칠 줄 모르는 기도를 시작했다. 수십, 수백, 아니 수천 번, 그는 하나님께 똑같은 요청을 올렸다. 그러나 그의 인생 전체를 아무리 살펴봐도 그 기도에 대한 응답은 아직 이루어지지 않았다. 그는 애통함으로, 탄원하면서, 필사적으로 그리고 최고의 열망을 가지고 기도했다. 운동선수 모임들, 교회들, 대학생들도 그를 위해 기도했다. 언제나 같은 기도였다. 그러나 브라이언이 원하고 믿는 응답은 없었다. 사고 후 일 년이 조금 못 되었을 때, 브라이언은 다음과 같이 「루크」지 기사를 끝맺었다.

> 믿음을 갖는 것은 두 가지 중 하나를 향한 필수적 단계다. 그중 하나는 병 고침을 받는 것이다. 병 고침이 오지 않는다면, 마음의 평안이 그 다른 하나다. 어느 하나라도 족할 것이다.

그러나 지금 브라이언은 다른 견해를 갖고 있다. 그에게 선택의 길은 단 하나, 완전한 치유뿐이다.

일어나지 않을 기적

브라이언이야말로 누구보다도 자신이 지금까지 별 진전을 보지 못했음을 인정해야 할 사람이다. 그러나 어느 때보다도 지금, 그는 자신의 상태를 받아들이지 않고 있다. 그는 한 가지 희망과 한 가지 기도 제목을 갖고 있는데, 그것은 바로 완전한 치유다. 그런 브라이언에게 필요한 것은 기적이다. 지나간 시간은 거의 아무것도 이루어 놓지 못했으며, 자연적인 회복 가능성은 꾸준히 줄어들었다.

가장 나쁜 점은 고통이다. 브라이언의 몸은 마치 반항 중인 것 같다. 고통이 내부로부터 와서 보이지 않게 그의 몸 전체로 퍼져 나간다. 아무리 건장한 사람이라도 단 1분이면 충분히 바닥에 쓰러져 울부짖게 만들 만한 고통이다. 브라이언에게 그것은 하나의 끔찍한 일과다.

그런 고통이 거의 여섯 달 동안 지속된 후에, 스턴버그 가정에는 진심에서 우러난 희망과 응원의 약속들이 쏟아져 들어왔다. 많은 사람이 브라이언이 회복되리라 믿었다. 그들은 말했다. 그와 같이 젊고 재능 있는 청년이 다시 걷게 되는 것은 분명 하나님의 뜻이라고….

브라이언은 치유의 능력으로 잘 알려진 유명한 그리스도인들을 만났지만 그는 여전히 고통받고 있다. 한때는 일곱 교파에서 온 지도자들이 그의 방에 함께 모여 그에게 기름을 바르고 기도해 준 적도 있다. 모두가 감동을 받았고 모두가 믿었지만, 아무 일도 일어나지 않았다.

위로와 인도를 얻기 위해 스턴버그 가족은 성경으로 돌아갔다. 그들은 온갖 유형의 목사들과 신학자들과 이야기했다. 왜 하나님이 고난을 허용하시는지에 대한 모든 책도 읽었다. 책을 읽으면서 그들은 더욱더 브라이언이 치유되리라는 확신을 가졌다.

스턴버그 부인은 다음과 같이 말했다.

"우리가 발견한 사실은, 하나님은 우리를 사랑하신다는 것이었죠. 아니, 그 이상이었어요. 하나님은 사랑이시지요. 우리 주변의 모든 사람이 이 비극을 하나님의 뜻으로 받아들이라고 말해 주었어요. 그렇지만 성경에서 우리가 본 예수님은 치유를 가져오셨어요. 아픔이 있는 곳이면 그분은 만지셔서 낫게 해주셨지요. 그분은 결코 사람들을 저주하거나 괴롭히지 않으셨어요. 예수님은 인간을 향한 하나님의 언어였어요. 하나님이 어떤 분이신지, 그 모습 그대로 예수님은 사셨습니다. 하나님의 언어가 변했을까요? 우리 아들의 상태가 하나님이 자신을 나타내신 것과 모순됩니까?

사람들은 우리에게 이렇게 말했어요. '자, 이 비극이 가져온 좋은 면을 보도록 하세요. 아마 하나님은 그분의 지혜로 브라이언이 그분에게서 떠나 방황하게 될 것을 아셨기 때문에 이런 일이 일어나도록 허용하셨을 거예요'라고요. 그러나 신약에서 우리가 발견한 하나님은 인간을 너무도 존중하신 하나님, 그래서 우리에게 자유를, 심지어 그분께 반항할 자유까지도 주신 하나님이셨어요. 성령님은 우리가 믿기로는 신사적인 분이십니다. 그분은 우리의 사랑을 원하시지만 절대로 강요하지 않으십니다."

극도의 고난을 만난 다른 그리스도인들은 현실 그대로를 받아들이고 거기서부터 출발하는 법을 배우는 데서 위안을 찾는다. 분명 하나님은 우리가 고통당하는 것을 즐겨하지 않으신다. 그러나 여하튼 그분은 고통을 허용하신다. 하지만 스턴버그 가족은 그것을 인정하는 데서 만족하지 않았다.

스턴버그 부인은 계속해서 말했다.

"하나님의 뜻, 당신은 그것을 모든 의문 부호에 대한 경건한 마침표로 사용할지 모릅니다. 그러나 하나님은 신비롭고 깊으십니다. 우리는 그분에 대해 아무리 많이 배워도 부족하지요. 우리는 하나님과 함께 추구하는 것을 포기하고서 '나는 하나님의 뜻이 이루어진 것을 아노라'라고 말하는 숙명론자가 될 수는 없어요. 저는 예수님이 시각장애인에게 이렇게 말씀하신 것을 읽어 보지 못했어요. '안됐네. 여보게, 나는 도와주고 싶지만 하나님은 자네에게 무언가를 가르쳐 주려고 하신다네. 그러니 그대로 참고 있게.' 예수님은 시각장애인을 보면 고쳐 주셨어요. 그리고 그분은 우리에게 하나님의 뜻이 '하늘에서 이루어진 것같이 땅에서도 이루어지게' 기도하라고 가르쳐 주셨어요."

부인은 잠시 말을 멈추었다. 그녀의 말은 강했으며, 그것들은 거의 어떤 사람도 느껴 보지 못한 고통을 배경으로 한 말이었다.

그녀는 손으로 턱을 괴며 말했다.

"우리는 이생에서는 어떤 질문이든 간에 충분한 해답을 알 수 없습니다. 대신 우리는 믿음에 많은 것을 걸고 있습니다. 제 남편과 저 그리고 브라이언은 하나님의 사랑에 더할 수 없이 강하게 매달리고 있습니다. 만일 그 어떤 것, 불의의 사고 같은 것이 하나님의 사랑과 들어맞지 않는다면, 우리는 다른 곳을 찾았습니다. 우리는 그것이 하나님으로부터 온 것이 아님을 알기 때문입니다.

저는 왜 브라이언이 아직 설 수 없는지 모릅니다. 저는 하나님이 전능하신 것을 믿습니다. 그러나 저는 또 하나님이 스스로 제한하시는 것도 믿습니다. 사탄은 강합니다. 그리고 우리를 무능한 가운데 두는 것이 사탄에게 큰 이익이 된다는 것도 압니다. 우리를 온전함으로부터 막는 어떤 것이든지 말입니다. 사탄은 마치 권투 선수가 아픈 턱이나 피가 나는 눈에 자꾸자꾸 잽을 넣는 것같이 우리의 약점을 이용하고 있다는 것도 알고 있습니다."

그녀가 선과 악 사이의 싸움을 이야기할 때, 나는 예수님이 세상에 계신 동안 사탄이 그분께 행한 공격들, 곧 갓난아기들의 학살, 유혹, 배신 그리고 마지막으로 죽음을 생각했다. '수난일'은 틀림없이 사탄의 입장에서는 자신의 승리인 양 보였을 것이다. 그러나 하나님은 아들의 끔찍하고 비참한 죽음을 가장 큰 승리로 바꾸어 놓으셨다.

보다 작고 보다 기묘한 방법들로 하나님은 브라이언의 비극도 사용하셨다. 브라이언과 수백 명이 넘는 사람들을 그분께로 이끄신 일이 그러하다. 그러나 과연 하나님은 땅이 울리도록 형세를 역전시켜 그리스도의 죽음을 부활로 지워 버리셨듯이, 브라이언의 비극을 치유로 깨끗이 지우실 것인가? 스턴버그 가족은 이 희망에 모든 것을 걸고 있다.

스턴버그 부인은 계속 말했다.

"브라이언과 같은 상태에 있는 사람들은 한 명도 다시 걷지 못했지요. 단 한 명도요. 그렇지만 우리는 여전히 믿습니다. 하나님이 언제 브라이언을 고치실지는 모릅니다. 이 특별한 싸움은 어쩌면 여기 지구 위에서는 승리로 끝나지 않을지도 모릅니다. 당신이 기도한 사람들 중에는 나은 사람도 있습니다. 어떤 사람들은 이 세상에서 그렇게 되지 못했습니다. 그러나 그것은 온전함을 원하시는 하나님의 소원을 변화시키지 않았습니다. 몸과 마음과 영혼의 온전함 말입니다.

우리는 포기하지 않을 거예요. 우리는 치료법을 찾는 의사들처럼 조사를 멈추지 않을 겁니다. 인내하는 것이 하나님을 기쁘시게 하는 일이라고 우리는 생각하니까요."

두 개의 이미지

스턴버그 가족은 그들에게 힘을 주는 한 가지 개념을 발견했다. 그것은 질병의 정의였다. 즉 '나와 하나님 사이, 나와 나 자신 사이 혹은 나와 다른 사람 사이에 불편함이 있는 것', 이것이 병이며, 그것은 치유를 요한다는 것이다.

2년 반 동안 스턴버그 가족은 그들이 확대시킨 질병의 정의를 망라하여 치유 사역을 위해 기도했다. 드디어 그 하나가 등장했다. 시애틀 교회에서 매월 한 번씩 주일 저녁에 기도 예배를 드리게 된 것이다. 상처와 필요를 가진 사람들이 여기에 참석했다. 앞으로 나오기 원하는 사람들은 목사님과 몇 분간 조용한 시간을 가지며, 그동안 나머지 사람들은 모두 그 한 사람의 필요를 위해서 집중 기도를 올린다. 그 결과들은 아름다웠고, 교회는 놀라우리만큼 하나 되었다. 그러한 예배 형식은 시애틀에서 훨씬 먼 곳까지 퍼져 나갔다.

어떤 사람들은 그와 같은 결과를, 그들의 비참한 상처에 대한 변명으로 보려고 했다. 그러나 스턴버그 가족은 이것은 현실을 정당화하는 것이 아니라고 말했다.

"우리는 사랑의 하나님을 믿습니다. 예수님이 보여 주신 방법대로 사랑하는 것, 우리는 그것을 세상에 보여 주려는 겁니다."

밤이 늦었고, 우리는 대화를 끝내야 했다. 그러나 스턴버그 씨 댁을 떠나기 전, 나는 브라이언이 수상한 상패 및 트로피를 보여 달라고 청했다. 우리는 거대한 트로피와 상패, 상장들로 가득 찬 방으로 들어갔다. 그중 하나는 그에게 1963년도 '미대륙 최우수 선수'라는 이름을 붙여 준 것이었다.

벽에 걸린 사진 한 장이 눈에 띄었다. 그것은 컬리포니아주 컴톤에서 브라이언이 그의 마지막 세계 기록을 깨뜨리는 순간이 담긴 장면이었다. 두 팔은 앞으로 쭉 뻗고, 몸의 모든 근육이 물결 모양을 이룬 채 팽팽히 긴장되어 장대높이뛰기 도약대 위를 수평으로 날고 있는 모습이었다. 순간, 아픔과 슬픔이 나를 휩쓸고 지나갔다. 내가 만나고 함께 이야기했던 몸은 이 멋진 몸의 슬픈 그림자였다. 물론 브라이언은 감정적으로, 영적으로 성숙했다. 그러나 움츠러든 것도 사실이다. 고통은 그의 십 년 이상의 삶을 허비시켜 버렸다. 브라이언은 이제 서른다섯이 되었다.

나는 따뜻한 실내에서 시애틀의 찬 바람 속으로 걸어 나올 때, 마음속에서 그 두 가지 이미지를 떨쳐 버릴 수 없었다. 사진 속의 브라이언 그리고 현재의 브라이언. 침대 위에 누워 있는 그 뒤틀리고 무력한 몸은 내일도 모레도 거기 있을 것이다…. 그것이 얼마나 오래갈지 누가 알겠는가?

나라면 믿을 수 있을까? 나라면 인정할 것인가, 아니면 반항할 것인가? 그리고 내가 만일 믿을 수 있다면, 그 믿음은 13년, 14년, 15년씩 계속될까? 수천 번의 기도에도 불구하고 오지 않은 기적에 모든 것을 건 스턴버그 가족은 과연 옳았을까? 그들은 부당하게 하나님께 요구 조건을 제시하고 있는 것은 아닐까? 그들은 어떤 사람들의 제안대로, 인정하고 '어떻든 주님을 찬양'해야 하지 않을까?

나는 잘 모른다. 다만 가장 강하게 두드러졌던 것은 그 믿음의 강인하고 분투적인 특성이었다.

차를 몰고 떠나올 때 나의 마음을 때린 것은 브라이언을 향한 동정심이 아니었다. 그것은 어떤 힘을 만났었다는 진한 깨달음이었다. 그 힘은 모든 세부 사항들이 결코 일치하지는 않을지라도 지속될 힘이었다.

Where is GOD when it hurts?

매일 아침 잠에서 깨어나
누가 와서 내게 옷을 입혀 주기를 기다리며
침대에 등을 붙이고
납작하게 누워 있을 때,
도움을 필요로 하는 나의 요구는 너무도 명백하다.
나는 심지어 혼자서 머리를 빗거나 코를 풀 수조차 없다!

- 조니 에릭슨(Joni Eareckson)

9

고통 너머의 새롭고 놀라운 삶

나는 브라이언 스턴버그를 방문하고 여러 달 후에 조니 에릭슨(Joni Eareckson)[1]을 만났다. 그녀에 대해 이런저런 들은 말이 있어서, 나는 스턴버그 가정에서 발견한 것과 똑같은 분위기를 예상했었다. 끈질긴, 불굴의 믿음과 결합된, 아직 끝나지 않은, 편치 않은 어떤 투쟁 말이다. 말을 듣지 않는 신체를 가진 젊은이에게서 그 이상 무엇을 더 기대할 수 있겠는가! 그러나 스턴버그 가정과 조니 가정의 분위기는 완전히 달랐다.

조니의 집은 그녀의 아버지가 공들여 쌓은 커다란 돌과 손수 깎은 목재로 만들어진 시골집이다. 거대한 축사 하나가 집 바로 앞에 놓여 있다. 역시 큰 돌과 흠 없는 나무를 사용해 손수 지은 것이다. 조니의 화실은 언덕 위로 불쑥 나와 있고, 화실의 유리 벽으로는 더할 나위 없는 장관이 펼쳐진다. 갈색 종마 한 마리가 꼬리로 파리를 쫓으며 계곡에서 풀을 뜯고 있고, 덴마크 종 커다란 개가 풀 사이로 뛰어다니고 있다. 많은 화가가 이 같은 시골 환경에서 살고 있다. 그러나 조니의 생활은 그들과는 다르다. 그녀는 누군가가 휠체어를 밀어 주지 않으면 절대로 화실 밖으로 나갈 수 없다. 그리고 이로 펜을 물고 그림을 그린다. 그럴 수밖에 없는 것이, 그녀의 몸은 마비되었기 때문이다.

조니는 십 대 때 이 시골집을 찾아오곤 했다. 그때는 종마를 타고 빠른 속도로 숲길을 내달렸고, 덴마크 종 개와 개울에서 물장구도 치고, 집 뒤쪽 벽에 농구공을 던지기도 했다. 어떤 때는 여우 사냥에 따라나섰던 적도 있다.

그러나 지금 조니가 할 수 있는 동작이라고는 약간의 어깨 놀림으로 팔을 움직이는 것뿐이다. 또 그녀의 손 보조기 위에 달린 금속 홈에 포크를 넣어 음식을 먹거나, 손톱을 길게 길러서 책장을 넘기는 정도다. 그녀는 대부분의 시간을 그림을 그리는 데 사용한다. 이로 펜을 물고 머리를 위아래, 양옆으로 신중하고 세심하게 움직이며 그림을 그린다.

조니의 일생을 완전히 바꿔 놓은 단 2초간, 실수였던 그 사고가 발생한 지 이제 십 년이 지났다. 그렇지만 그녀의 쾌활한 낙천주의 기질은 변하지 않았다. 여전히 조니의 얼굴은 생기 있고 그녀의 두 눈은 밝고 표현력이 풍부하다.

치명적인 다이빙

1967년, 그해 여름은 유난히 무덥고 습했다. 숨이 막힐 정도였다. 나는 아침마다 승마 연습을 했고, 그러면 땀이 많이 나서 몸을 물에 한 번 담가야만 시원해졌다. 캐시 언니와 나는 처사 피크만 해변까지 말을 타고 가서 어두운 물속으로 다이빙해 들어갔다.

나는 풀장에서 찰싹거리거나 얕은 물에서 첨벙거리는 것 가지고는 만족하지 못했다. 넓은 물속에서 자유롭게 헤엄치는 것을 좋아했다. 해안에서 50 내지 60미터 멀리 떠 있는 부표는 만족스런 목표물이었고, 언니와 나는 거기까지 경주를 했다. 우리는 둘 다 운동을 잘했고 어떤 때는 못 말릴 정도로 열심이었다.

나는 부표에 도착해서 그 위에 올라가 곧장 옆으로 다이빙해 들어갔다. 그것은 거의 습관화된 동작이었다. 나는 물의 움직임을 느꼈고… 그다음은 아찔해져 갔고… 내 머리는 바닥에 있는 바위에 "쿵" 하고 부딪혔다. 격렬한 진동이 따르는 전기 충격과도 같은, 커다란 윙윙 소리를 느꼈다. 그러나 고통은 전혀 없었다.

나는 움직일 수가 없었다! 내 얼굴은 바닥에 있는 가는 모래를 누르고 있었지만 똑바로 일어날 수가 없었다. 내 정신은 내 근육에게 헤엄치라고 지시했지만 아무 반응도 없었다. 나는 숨을 죽이고, 기도하고, 물속에 얼굴을 숙인 채로 기다렸다.

한 1분쯤 지났을까 캐시 언니가 나를 부르는 소리가 들렸다. 목소리는 점점 가까이 들려왔고, 내 바로 위에 언니의 그림자가 보였다.

"너 여기서 다이빙했니? 물이 너무 얕은데."

언니는 밑으로 내려와 나를 끌어 올리려 하다가 그만 넘어졌다. '오, 하나님! 얼마나 더 있어야 하지'라고 나는 생각했다. 사태는 절망적이었다.

내가 막 기절하려던 순간, 내 머리는 수면 밖으로 나왔고 나는 공기를 확 들이마신 탓에 숨이 막혔다. 나는 언니에게 매달려 있으려고 애썼으나, 또다시 내 근육이 말을 듣지 않았다. 언니는 나를 어깨 위에 걸치고 해안으로 헤엄쳐 가기 시작했다. 틀림없이 내 손과 다리가 가슴 부근에서 한데 묶여 있었는데, 갑작스런 충격과 함께 나는 내 사지가 언니의 어깨 위로 꼼짝없이 축 늘어져 가는 것을 느꼈다.

나는 몸의 감각을 잃어버렸다.

구급차가 조니를 싣고 볼티모어시립병원으로 질주했다. 한 의사가 기다란 금속 핀을 갖고 다가와서 그녀의 발, 종아리, 손가락 그리고 팔에 차례로 누르면서 "느껴집니까?" 하고 물었다. 그녀는 열심히 집중했으나, 의사가 그녀의 어깨를 시험했을 때만 반응했다.

쉐릴 박사라는 의사가 조니의 금발 머리를 전기 가위로 잘라 냈고, 간호사는 그녀의 머리카락을 밀었다. 잠시 후, 조니는 귀에 윙윙거리는 전기 송곳 소리가 들리는가 싶더니 점점 의식이 사라졌다. 그 사이 의사들은 그녀의 두개골 양쪽에 구멍을 하나씩 뚫었다.

거울

조니가 깨어났을 때, 그녀는 자신이 스트라이커 침대(Stryker frame, 척추 손상 환자에게 적용하는 특수 침대)에 묶여 있다는 사실을 알게 되었다. 그녀의 얼굴은 작은 구멍 밖으로 쑥 내밀어져 있었는데, 두 시간마다 간호사가 그 침대를 뒤집어 돌려 주었다.

운동 부족과 특별 보호 병동의 우울한 분위기에도 조니는 처음 몇 주간을 명랑한 기분으로 지냈다. 고통은 가벼웠고, 의사들은 얼마의 신경들이 저절로 회복되리라 기대했다. 처음 얼마 동안 조니의 방은 문병객과 꽃과 선물로 가득 찼다. 그녀의 두 언니들은 그녀가 읽을 수 있도록 병실 바닥에 「세븐틴」 잡지를 펼쳐 놓아 주었다.

4주 후, 조니가 위험한 단계를 넘겼을 때, 쉬릴 박사는 조니의 척수에 융합 수술을 실시했다. 처음에 조니는 그 수술이 문제를 해결해 주고 다시 두 발로 설 수 있게 해주리라 믿고 몹시 기뻐했다. 수술은 성공적이었다. 하지만 바로 그날 쉬릴 박사는 조니에게 진실을 말해 주었다.

"조니, 안됐지만 부상이 영구적일 것 같아요. 융합 수술로도 방법이 없네요. 앞으로 다시는 걸을 수 없을 거예요. 팔은 조금 사용할 수 있겠지만."

사고 후 처음으로 그 사실이 마음에 깊이 들어왔다. 조니는 몇 달 더 치료를 받으면 완쾌되리라 믿고 있었다. 갑자기 그녀는 자신의 전 생애가 뒤바뀌리라는 것을 깨달았다. 더 이상 스포츠카 운전이나 마술 쇼나 라크로스 시합 같은 것은 할 수 없을 것이다. 아마 데이트도 더는 못하겠지, 영원히.

조니는 "그땐 정말 비참했어요" 하고 회상했다.

"내 생활은 늘 꽉 짜여 있었죠. 나는 그때까지 온갖 학교 활동에 참여했었어요. 그런데 갑자기 외톨이가 된 기분이었어요. 내 취미들과 소유물은 이제 더 이상 의미가 없었죠. 축사에 있는 멋진 말들, 그 등 위에 서서 재주를 부리며 타던 말들을 다시는 탈 수 없었어요. 혼자서는 먹을 수조차 없고 그저 잠자고 숨 쉬는 것밖엔 할 수 없었죠. 그 외에는 모두 남이 해주어야 했어요."

며칠 후 조니의 기분은 극도로 저하되었다.

학교 친구 두 명이 처음으로 그녀를 찾아왔다. 친구들이 마지막으로 보았던 조니의 모습은 활발하고 원기 왕성한 운동선수였기 때문에, 그들은 병원에서 여러 주일 지낸 조니의 모습이 어떨지 전혀 상상하지 못하고 있었다.

친구들은 조니의 침대 곁으로 와서는 할 말을 잃었다. "오, 하나님" 하고 한 친구가 속삭였다. 그들은 충격을 받고 어색한 침묵 가운데 서 있더니 갑자기 밖으로 뛰쳐나갔다. 조니는 그중 한 명이 토하는 소리와 또 한 명이 그녀의 병실 밖에서 흐느끼는 소리를 들었다. 무엇이 그리 끔찍하기에 그런 반응을 보일까, 하고 조니는 의아하게 생각했다.

그리고 며칠 후 알게 되었다. 조니는 그녀를 찾아온 친구 재키에게 거울을 부탁했다. 재키는 발뺌했으나 조니는 고집했다. 재키는 걱정하면서 거울을 가져다주었고, 조니는 거울 속 자신을 보며 비명을 질렀다.

"오, 하나님, 나를 어떻게 이렇게 만드실 수가!"

거울 속의 사람은 두개골이 머리 뒤쪽까지 움푹 들어가고 핏발 선 두 눈을 하고 있었다. 피부색은 누렇게 떠 있었고, 치아는 약을 먹기 때문에 검은색이 되었다. 머리는 여전히 빡빡 밀린 채, 양쪽에 금속 집게를 달고 있었다. 그리고 체중은 57킬로그램에서 30킬로그램으로 줄어들었다.

조니는 소리 내어 울었다.

"오, 재키, 네 도움이 필요해. 날 위해 한 가지만 해줘. 난 더 이상 못 견디겠어."

"무슨 일인데, 조니? 무엇이든지 할게."

"나를 죽게 도와줘, 재키. 약을 좀 갖다주든지, 면도날도 좋아. 난 이렇게 무서운 몸 속에 살 수 없어. 나를 죽게 도와줘, 재키."

재키는 조니의 그런 상태에도 불구하고 그 말을 들어줄 수 없었다. 그리하여 조니는 또 하나의 비참한 사실을 배웠다. 너무도 무력해서 스스로 죽을 수도 없다는 사실 말이다.

풍성한 삶

시립병원에서의 그 끔찍한 날 이후 수천 명의 사람들이 조니를 만났다. 그녀는 만찬회, 캠프, 청소년 모임 그리고 대규모 집회의 인기

강사였다. NBC 방송국의 "투데이" 쇼에도 출연했고「피플」같은 잡지에도 나왔다. 그녀가 그린 미술 작품은 카드, 포스터와 문구 용품으로 제작되어 전국의 상점들을 장식했다.

그녀를 만나는 거의 모든 사람은 더 행복해지고 더 희망에 넘치게 되었다. 조니는 그때 그 거울 안의 움츠러든 가련한 소녀로부터 한참 멀어져 있다.

장애를 갖게 된 사람들은 삶을 살아 나가는 데 있어 간단한 행동들, 곧 집 보는 일, 먹는 일, 옷 입는 일에도 어마어마한 노력이 든다. 그러나 조니는 그러한 일상생활에서 더 나아가, 이제는 미술품 판매와 자신의 서점에서 나오는 수입으로 독립된 생활을 꾸려 나가고 있다. 과연 어떻게 그 일을 해냈을까? 조니는 다음과 같이 회상한다.

"욕창이 생기는 것을 막기 위해 내 몸이 묶인 기계를 팬케이크처럼 뒤집는 것으로 나날을 보내던 병원에서의 그 우울한 기간 동안, 한번은 어떤 문병객이 나를 격려해 주려 한 적이 있었어요. 그 사람은 나에게 예수님이 그분의 제자들에게 남기신 약속의 말씀, '내가 온 것은 양으로 생명을 얻게 하고 더 풍성히 얻게 하려는 것이라'(요 10:10)라는 성경 구절을 인용했어요.

그 당시 나는 냉소적이었던지라, 그 말이 조롱의 말이나 다름없이 들렸지요. 풍성한 삶이라니요? 남은 생애를 몸부림치고 살아가야 한다면, 내가 내다볼 수 있는 최선의 생애란 기껏해야 반쪽 인생 혹은 남에게 동정받는 열등한 인생일 뿐이었어요. 테니스도, 연애도, 결혼도… 진정한 공헌도 할 수 없는.

그러나 지난 십 년 동안에 나의 인생관이 변했어요. 매일 아침 깨어나면 하나님이 내게 주신 삶에 감사했지요. 하여튼 3년이 걸려서야 인정하게 되었지만, 하나님은 나도 풍성한 삶을 누릴 수 있다는 것을 증명해 주셨어요."

조니가 얻은 첫 번째 교훈은 모든 장애를 갖게 된 사람들이 받게 되는 처음 교훈, 즉 자신의 상태를 한계 그대로 받아들이는 것이었다. 눈을 감고 자신의 상태를 비통해하는 것은 무익한 일이었다. 바란다고 해서 거울 속의 얼굴이 달라질 것도 아니었다. 그녀는 사지마비 장애인으로서의 자신을 받아들이고 그에 대처할 새로운 방법들을 찾아야 했다.

그 과정은 고통스러웠다. 조니의 남자친구가 팔로 그녀의 어깨를 감싸안아도 느낄 수 없었다. 그녀는 눈을 감고서, 만일 다시 건강한 몸이 된다면 어떨까 하고 상상하는 일이 많았다. 약혼자도 있겠고, 스포츠카를 타고 달리며 장기 여행도 떠나고, 대학 라크로스팀의 스타 선수도 되어 보고… 생각은 끝이 없었다. 그러나 그런 생각 역시 무가치한 것이었다. 조니는 곧 그런 생각에 머무는 것이 자기를 구해 주지 못한다는 것을 배웠다. 그것은 단지 자신을 받아들이는 일을 지연시킬 뿐이었다.

비장애인들은 장애인이 곁에 있을 때 매우 불편해한다는 사실을 조니는 재빨리 깨달았다. 어떤 사람들은 그녀에게 와서는 그녀가 정신적으로 장애가 있는 사람이라 생각해 큰 소리로, 똑똑한 발음으로, 쉬운 말만 써 가면서 말했다. 또 그녀가 휠체어를 타고 갈 때면 보행

자들 중에는 인도가 충분히 넉넉한데도 한쪽으로 서서 양보하는 이들도 있었다.

조니는 왜 장애인들이 바깥세상으로 나가 볼 꿈도 꾸지 않는지 알게 되었다. 안에 있으면 그들도 다르지 않다. 병원 안에서는 모두 하나같이 보조기나 부목이나 붕대를 하고 있다. 그리고 전문가들은 그들을 돌봐 주고 이해해 주는 데 훈련이 되어 있다.

그 시절의 기억 중 가장 스릴 있었던 사건은 그녀가 부상당한 지 약 1년 후의 일이었다. 친구들과 바닷가에 놀러 갔는데, 한 친구가 그녀의 휠체어를 모래사장 위로 몰아서 철썩이는 파도 속으로 밀어 넣었던 것이다. 조니는 너무 기뻐서 비명을 질렀다. 그녀는 다시 넘실거리는 파도 위에서 파도타기를 할 수는 없었지만, 적어도 그녀의 뺨 위로 찰싹이는 물결과 짠 물거품을 느낄 수는 있었다. 그녀는 사람들이 항상 그녀 곁에서 신중하고 조심스러워하는 대신, 그렇게 스스럼없이 대해 주는 것을 좋아했다.

또 한번은 친구들이 병실 안으로 강아지를 몰래 들여와 그녀를 깜짝 놀라게 한 적도 있다. 강아지가 혓바닥으로 그녀의 얼굴을 핥을 때 조니는 참지 못하고 킥킥 웃었다.

사십 년의 지연

처음에 조니는 자신의 상태와 사랑의 하나님에 대한 그녀의 믿음을 일치시키기가 불가능했다. 하나님의 모든 선물, 발랄한 십 대 소

녀로서 그녀가 즐겼던 모든 좋은 것들을 빼앗긴 것 같았다. '이제 남아 있는 것이 무엇인가?'

하나님께로 향하는 과정은 더디기만 했다. 쓰라린 마음으로부터 하나님을 신뢰하기까지는, 눈물과 격렬한 의심으로 얼룩진 3년 이상의 세월이 필요했다.

어느 날 밤, 조니는 하나님이 이해하고 계신다는 것을 특별히 확신하게 되었다. 마비된 사람들이 겪는 특유의 방법으로 고통이 그녀의 등을 타고 달렸다. 건강한 사람이라면 등을 긁거나 아픈 근육을 꽉 누르거나 쥐가 난 발을 구부릴 수 있다. 그러나 마비된 사람은 무탕비 상태로 꼼짝없이 누워 고통을 느껴야 한다.

조니의 친한 친구들 가운데 한 명인 신디가 조니를 격려해 줄 방법을 필사적으로 찾으면서 그녀의 침대 곁에 있었다. 드디어 신디는 어색하게 이런 말을 불쑥 꺼냈다.

"조니, 예수님은 네 느낌이 어떤지 아셔. 넌 혼자가 아니야. 아무렴, 그분도 마비가 되셨었는 걸."

조니는 신디를 노려보았다.

"뭐라구? 너 무슨 말을 하고 있는 거니?"

신디는 계속했다.

"그건 사실이야. 예수님이 십자가 위에 못 박히신 것을 생각해 봐. 그분의 등은 매 맞은 것 때문어 쓰라렸을 테고, 그분은 움직여서 자세를 바꾸거나 몸의 두께를 좀 어떻게 해보고 싶으셨을 거야. 그렇지만 그럴 수 없었지. 그분은 못에 박혀서 마비가 되신 거라구."

그 생각은 조니의 흥미를 자아냈다. 하나님이 정확히 그녀의 몸을 꿰찌르는 그 감각을 느끼셨다는 생각은 전에는 한 번도 해보지 못했다. 그 생각은 참으로 위로가 되었다.

하나님은 믿을 수 없을 정도로 내게 가까워지셨다. 친구들과 가족들이 내게 보여 준 사랑이 어떤 변화를 가져왔는지 나는 보았다. 나는 깨닫기 시작했다. 하나님도 나를 사랑하신다는 것을.

하나님과 함께 낙하 지점까지 가 보는 쾌감(내가 그것을 그렇게 생각하기까지는 오랜 시간이 걸렸다)을 경험한 사람은 거의 없을 것이다. 그 사건이 있기 전까지 나의 질문은 항상 이런 것들이었다.

"하나님은 이러한 상황 가운데 어떻게 들어오실까? 그분은 나의 데이트에 어떤 영향을 끼치실까? 나의 직업에는? 내가 즐기는 것들에는?"

내게는 하나님만이 있었고, 점차 나는 그분만으로 만족하게 되었다. 나는 우주를 만드신, 내 안에 살아 계신 인격적인 하나님의 실체에 압도되었다. 그분은 나를 매력적이고 가치 있는 존재로 만들고자 하셨다. 나는 그분 없이는 그 일을 할 수 없었다.

처음 몇 달, 아니 몇 년을 나는 하나님이 내게 가르쳐 주고자 하시는 것이 무엇이냐는 해답 없는 질문을 하는 데 소모했다. 나는 아마도 하나님의 심중을 알아내면 내게 필요한 교훈을 배울 수 있고, 그런 다음에는 그분이 나를 고쳐 주시겠지, 하고 은근히 바랐는지도 모른다.

나와 비슷한 체험을 가진 그리스도인이라면 대부분 욥기로 돌아가 해답을 얻는 것 같다. 욥은 내가 상상할 수 있는 이상으로 고난을 겪은 사람이었다. 그는 모든 것을 잃었다. 이상한 것은 욥기가 하나님이 왜 비극이 일어나도록 하셨는지에 대한 아무런 대답도 주지 않는다는 점이다. 그러나 욥은 하나님께 매달렸고, 하나님은 그에게 보상해 주셨다.

'이것이 하나님이 원하시는 걸까?'

나는 생각했다. 나의 초점은 하나님께 해명을 요구하는 데서 겸손히 그분을 의지하는 것으로 바뀌었다.

좋다, 나는 마비되었다. 그건 끔찍한 일이다. 난 그것이 싫다. 그러나 하나님은 여전히 마비된 나를 사용하실 수 있을까? 마비된 내가 여전히 하나님을 경배하고 그분을 사랑할 수 있을까? 그분은 내가 그렇게 할 수 있다는 것을 가르쳐 주셨다.

아마 나에게 주신 하나님의 은사는 하나님을 의지하는 것인지도 모르겠다. 나는 매 순간 내게 주시는 그분의 은혜를 인식하고 있다. 매일 아침 잠에서 깨어나 누가 와서 내게 옷을 입혀 주기를 기다리며 침대에 등을 붙이고 납작하게 누워 있을 때, 도움을 필요로 하는 나의 요구는 너무도 명백하다. 나는 심지어 혼자서 머리를 빗거나 코를 풀 수조차 없다.

그러나 내게는 걱정해 주는 친구들이 있다. 아름다운 경치도 즐길 수 있다. 내 미술 작품을 팔아서 경제적으로 남에게 의지하지 않고 살 수도 있다. 이것은 모든 장애인의 꿈이다.

진정 가치 있는 평안은 내적 평안이며, 하나님은 그 평안을 내게 넘치도록 주셨다. 그리고 또 한 가지가 더 있다. 내게는 미래에 대한 소망이 있다. 성경은 천국에서 '영화롭게' 될 우리의 몸에 대해서 말해 주고 있다. 고등학생 시절에 그것은 항상 아련하고 낯선 개념이었다. 그러나 지금 나는 내가 완전히 나을 것을 알고 있다. 나는 완전한 사람이 되는 기회를 빼앗긴 것이 아니다. 나는 지금 40년 지연된 삶을 지나고 있으며, 하나님은 그 과정까지도 나와 함께하신다.

'영화롭게' 되는 것. 지금 나는 그 의미를 알고 있다. 그것은 이곳에서 내가 죽은 후, 내가 나의 두 발로 서서 춤추게 될 그때다.

새로 지은 축사

2년간의 재활 기간 후에, 조니는 전동 장치가 달린 휠체어를 움직여 병원 복도를 충분히 내려갈 수 있게 되었다. 그녀는 대학의 강사 양성 과정에 등록했고 마침내 아주 인기 있는 강사가 되었다.

조니는 청중을 사로잡는다. 그녀는 흠잡을 데 없는 옷차림을 하고 있으며, 금발은 단정히 빗겨져 있다. 그녀는 자신이 당한 사고의 경위와 긴 회복 기간을 또박또박 분명한 말로 이야기한다. 청중은 조니의 생에 대한 멋과 열정을 가장 즐겨 듣는다. 그녀의 사지는 움직이지 않지만 눈과 얼굴은 풍부한 표정으로 빛난다. 그녀는 자신이 사는 시골집과 화실 주변의 아름다운 경치를 묘사한다.

"비록 저는 개울에서 물장구를 치고 말을 타지는 못하지만 밖에 나가 앉을 수 있어요. 그러면 제 감각들은 온갖 냄새와 느낌과 아름다운 장면으로 흘러넘친답니다.'

이야기 중에 조니는 종종 그녀의 화실 바로 밖에 있는 거대한 축사 이야기를 꺼낸다. 축사는 조니가 좋아하는 건물이다. 그 안에는 그녀의 아정 어린 추억이 가득하다. 향긋한 건초, 가만있지 못하는 말들의 부석거리는 소리 그리고 어렸을 때 놀았던 어두컴컴한 구석들. 조니는 그 축사의 매력, 그 아름다움 그리고 그것을 만든 아버지의 솜씨를 이야기한다.

그런 다음에는 끔찍한 추억을 이야기하는데, 파괴자들이 불을 질러 그 축사를 완전히 무너뜨린 사건이다. 그 무서운 장면이 그녀의 마음속 깊이 새겨져 있다. 말들의 거친 비명 소리, 고기 타는 냄새, 불을 끄려 애쓴 가족들과 동네 사람들의 필사적인 노력들.

그러나 이야기는 거기서 끝나지 않는다. 관절염 때문에 허리가 굽은 아버지가 축사를 재건하는 힘든 일을 시작하셨다. 기초가 남아 있어서 그 위에다 새 돌과 새 들보와 새 판자들을 맞추었다. 새로 만든 두 번째 축사는 어느 모로나 첫 번째 축사와 똑같이 멋있었다. 조니는 말한다.

"저는 그 축사와 같아요. 저는 제 일생이 망가졌다고 생각했어요. 그러나 하나님과 친구들의 도움으로 제 인생은 다시 세워졌어요. 이제 여러분은 제가 왜 이렇게 행복한지 이해하실 수 있겠죠? 저는 항상 저를 피해 간다고만 생각했던 것, 바로 풍성한 삶을 되찾은 거예요."

고통받는 두 사람

조니와 브라이언은 엄청난 고통을 겪은 수많은 불운한 사람들의 대표적인 경우다. 마비된 사지, 암으로 망가진 몸, 말할 수 없을 정도로 극심한 편두통. 이런 고통을 지닌 사람이라면 의심할 여지 없이 '고통은 선물'이라는 개념을 들을 때 움츠러들 것이다. 그들에게 그 말은 분명 공허하고 잔혹하게 들릴 것이다. 고통은 그 자연적인 궤도를 떠나 하나의 프랑켄슈타인이 되어 버렸다.

그러나 나를 감동시킨 것은 조니와 브라이언이 각각 자신이 살아야 할 이유를 발견했다는 것이다. 즉 하나님께 대한 그들의 믿음은 그 과정의 필수 요소였다.

브라이언은 문제와 정직하게 대면했다. 그리고 그 문제가 자신과 가족은 물론 하나님께도 몹시 싫은 것이라고 확신했다. 하나님이 섭리적으로 자신의 고통을 선을 이루는 데 사용하셨다는 것은 인정하면서도, 그는 하나님이 그러한 상태를 남은 생애 동안 허용하실 수도 있다는 개념은 거부했다. 그는 믿음과 그의 신학이라고까지 할 수 있는 것을 치유의 희망에 내걸었다.

브라이언은 모든 고통받는 사람이 배울 수 있는 한 가지 특성을 요약해 준다. 즉 그의 단호하고 분투적인 믿음이 그를 지탱해 주는 것이다. 그러한 믿음은 기적을 믿는 믿음이다. 다른 사람들에게는 그것이 재활에 대한 믿음 혹은 고통에도 불구하고 하나님이 그들을 사용하실 수 있음을 믿는 믿음이 될 수도 있다.

조니의 생애는 승리와 기쁨이라는 압도적인 은혜의 특징이 두드러진다. 오랜 씨름 끝에 그녀는 하나님께로 돌아왔으며, 하나님은 그녀에게 성숙한 그리스도인들까지도 놀라워하는 깊은 영성을 주셨다.

감사하게도 우리 중에는 조니나 브라이언과 같은 시련을 겪을 사람은 별로 없을 것이다. 그들은 고난의 시험을 통과해서 믿음의 뼈대를 지킨 보기 드문 실례다. 그러나 그들의 생애는 '고통은 선물'이라는 개념과 조화된다. 적어도 그들은 막강한 고난에 의해 파괴되지 않았던 것이다.

구덩이가 아무리 깊을지라도 하나님의 사랑은 그보다 더 깊다. 그들의 끈기 있는 믿음은 우리로 하여금 고통을 보다 잘 견디게 만들어 준다.

나는 요한복음 16장 33절에 나오는 예수님의 승리의 선언을 생각해 본다. 예수님은 평온함과 확고함을 가지고 이렇게 선언하셨다.

"이 세상에서는 너희가 환란을 당할 것이다. 그러나 힘을 내라! 내가 세상을 이기었느라"(요 16:33, NIV, 역자 직역).

나는 육체를 입으신 하나님의 이 선언을 들은 열두 저자들의 등에 물을 끼얹는 듯한 동요가 있었으리라 생각한다. 그러나 몇 시간 후, 그 열두 제자들은 모두 이 말씀에 대한 믿음을 잃어버렸다. 그때 그렇게 말씀하신 예수님은 어쩐 일인지 죽음 앞에서 쓰러지셨고, 그 며칠 동안 세상은 분명히 하나님을 이긴 것처럼 보였다.

고난의 신비는 기독교의 역설 중 하나다. 고통은 승리와 다투며 절망과 사귄다. 그럼에도 불구하고 조니와 브라이언 같은 사람들은 우리가 고난이라는 최악의 감옥 안에서도 여전히 그리스도의 이 말씀을 들을 수 있고 믿을 수 있다는 것을 보여 준다.

"내가 세상을 이기었노라."

Where is GOD when it hurts?

내가 시련 가운데서 파괴되지 않는다면
그 시련으로 인해 나는 더 강해집니다.

- 존 퍼킨스(John Perkins)

10

고난에 성공적으로 대처한 사람들

글 쓰는 일을 하다 보니 대규모 수련회에 강사로 섬기고 종교 잡지에 사진이 자주 실리는 종교계 지도자들을 많이 만나게 된다. 그중에는 그리스도인이 되었기 때문에 각광을 받게 된 운동선수들이나 연예인들도 있다. 또 기독교에 대하여 상당한 식견이 있는 무명 인사들도 있다. 그러나 내가 이야기를 나누었던 이 모든 사람 중에 가장 깊이 감사하는 마음으로 회상하게 되는 한 사람이 있다. 그 사람, 버클리 씨의 집을 떠날 때 나는 한 성자의 존전을 떠나는 느낌이었다.

버클리 씨는 이제 거의 아흔이 되어 간다. 그의 가정은 미시시피주의 십슨 카운티에서 내가 찾아가 본 집 중 가장 훌륭한 흑인 가정이었다. 그 집은 외관은 벽돌로, 내부는 나무 판넬로 되어 있었으며, 커다란 방이 너덧 개나 있었다. 그러나 버클리 씨는 옛날 미시시피 시골의 방 한 칸뿐인 오두막의 화롯가에 둘러앉았던 습관대로, 지금도 부엌 벽난로 곁 흔들의자에 앉아 대부분의 나날을 보내고 있다.

그는 노예 제도가 폐지된 지 25년 후에 태어났으며, 남북 전쟁 후의 재통합 기간이 있은 다음 남부에서 격분과 고통의 시절을 겪었다. 그는 KKK단(Ku Klux Klan, 남북 전쟁 후 남부의 백인이 조직한 비밀 결사로, 흑인 및 북부인에 대한 지배권의 회복을 목적으로 한 단체)이 판을 치던 무서운 초창기 시절에 미시시피에서 살면서, 그들로부터 위협을 받았고, 십자가들이 불타는 광경을 보았으며, 잔인한 폭력과 방화 소식이 난무하는 가운데 살았다.

25년의 세월 동안 백인 식당, 백인 숙박 시설, 백인 목욕탕과 백인 투표소에서 추방당한 후, 버클리 씨는 그의 나이 60대 중반에 인권 운동에 가담했다. 하나님이 자기를 사용하실 수 있다는 것을 믿고 그는 우선 존 퍼킨스(John Perkins) 목사를 지지해 선거인 등록 운동을 시작했다.[1]

선거 운동을 지휘함

그 당시에는 심슨 카운터의 그 누구도 흑인들의 선거인 등록을 받으러 온 연방 정부의 집행관들에게 건물을 빌려주려는 사람이 없었다. 흑인들에게는 빌려줄 건물이 없었고, 백인들에게는 자기네 건물을 빌려줄 의사가 없었다. 마침내 집행관들은 우체국의 짐을 부리는 뒷마당 근처 철조망 안에 등록 장소를 설치했다. 흑인 성인 5천 명이 넘는 카운티에서, 그 당시 선거인 등록을 한 사람은 50명뿐이었다.

버클리 씨는 흑인들을 우체국까지 데려올 버스와 트럭을 주선하는 일을 도왔다. 등록한 흑인들 중에는 직업을 잃은 사람도 있었다. 무시무시한 백인들이 가끔 떼 지어 나타나 멸시를 퍼붓고 협박하는 일도 있었다. 그러나 흑인들은 왔다. 등에 목화 자루를 지고 운반하느라 허리가 구부러진 흑인들이 투표권을 신청하기 위해 멘덴홀 시가지에 용감한 행렬을 만들었다. 결국 2,300명이 등록했다.

멘덴홀 부근의 흑인 공동 구역 내에서 지도자로 여러 해를 지내는 동안, 버클리 씨는 하나님과 동행했으며, 이로 인해 그가 당한 매질과 상처는 그를 더욱 깊고 강한 사람으로 만들어 갔다. 건장한 사람들도 넘어뜨린 조직 앞에서도 굳굳했던 그의 힘은 나로 하여금 "가난한 자는 복되다"고 하신 예수님의 말씀을 생각나게 해주었다.

내가 미시시피에서 본 가난한 사람들은 대부분 그렇게 복되어 보이지 않았다. 그러나 버클리 씨의 경우는 어떻게 가난하고 억눌린 사람이 복될 수 있는지를 증명해 주었다.

그의 하루하루가 어둡고 두려움으로 가득 찼던 때, 오직 하나님을 믿는 믿음만이 그가 가진 전부였다. 그는 그 믿음을 굳게 붙잡고 그 믿음과 오랜 친구처럼 더불어 살았다. 그리고 이제 하나님은 눈으로 볼 수 있을 정도의 편안함과 친근함으로 그의 안에 내주하고 계신다.

버클리 씨의 믿음이 가장 심하게 시련을 받은 때는 1969년 12월, 퍼킨스 목사의 지방 방송 사역이 인종 폭동 사건으로 인해 실제적으로 중단된 기간이었다.

사건은 그달 말, 버클리 씨 가족이 아직 페인트 냄새도 채 가시지 않은 새집에서 자고 있던 새벽 2시에 벌어졌다. 버클리 씨는 어떤 냄새를 맡고 침대에서 뛰쳐나갔다. 복도에 불이 붙었으며 불길이 벽을 따라 침실로 번지고 있었다. 그와 아내는 가까스로 피했으나 재산은 모두 잃었다. 그 불은 이웃 사람들의 짓이었다.

버클리 씨는 이렇게 말했다. "참 많은 일을 겪었지요. 아이들 셋을 잃었고, 첫 번째 아내를 잃었고, 그날 밤도 우리 부부는 구사일생으로 살아났습니다. 그렇지만 주님은 우리가 감당하지 못할 시험을 허락하지 않겠다고 말씀하셨어요. 만일 우리가 감당할 수 없을 때는 주님이 바로 우리 곁에 계셔서 우리도 모르는 힘을 주실 겁니다."

현재 버클리 씨의 꿈은 멘덴홀에 신약 교회를 닮은 작은 교회를 세우는 일이다. 소망을 품고 기도하며 성도 간의 사랑으로 널리 알려지는 그러한 교회 말이다. 그는 회중이 성장하는 모습을 지켜보고 싶다는 소원을 이야기했다.

파괴되지 않는 견고함

"내가 시련 가운데서 파괴되지 않는다면, 그 시련으로 인해 나는 더 강해집니다."

퍼킨스 목사는 미시시피에서 버클리 씨와 함께 투쟁했던 시절을 설명하면서 내게 말했다. 버클리 씨의 평온하고 주름진 얼굴이 그 말을 증명하는 것 같았다. 뇌우와 눈보라를 겪어 강인한 참나무 고목처럼 버클리 씨는 고난을 모르는 대부분의 미국인들이 결코 경험하지 못할 힘의 특성을 과시한다. 시련의 시기에 오직 하나님만을 의지하는 것, 거기에는 어떤 특이한 면이 있다.

버클리 씨와 여러 시간을 보낸 후에, 나는 마침내 산상수훈의 팔복에 나오는 예수님의 모순 같아 보이는 말씀을 이해했다. 지금까지 나는 이 말씀을 마치 등을 토닥이는 식으로, 예수님이 불운한 사람들에게 던져 주시는 한낱 위로라고만 생각했었다. 그러나 미시시피의 가난한 흑인을 만남으로써 내 마음은 변화되었다.

버클리 씨는 기독교의 모든 '주역' 가운데 그 누구에게서도 발견하지 못할 특성을 가진, 실로 복된 인물이었다. 그의 믿음은 견고했고, 성숙했고, 강인했다. 바울 사도는 다음과 같은 이상한 말을 기록했다.

"그[하나님]의 능력이 약한 데서 온전하여진다"(고후 12:9, NIV, 역자 직역).

이는 하나님이 이 세상 가운데 고통과 고난을 허용하시는 것을 비난하는 사람들이 자주 오해할 뿐 아니라 아마도 비웃어 대는 말씀일 것이다. 우리는 가난하고 고통받는 자들로부터의 반항을 예상한다. 그러나 바울과 버클리 씨의 경우 이 말씀은 진실성을 갖고 우리 마음에 크게 울려 퍼진다.

여기서 우리가 느끼는 것은 고통이 우리를 견고케 한다는 것, 우리에게 무언가를 더하여 준다는 것이다. 예수님의 경우에서조차 그러한 묘사를 찾아볼 수 있다.

"그는 당하신 고통으로부터 순종을 배우셨다"(히 5:8, NIV, 역자 직역).

신앙에 관한 가장 감명 깊은 이야기들이 종종 세상 사람들에게는 '패배자'로 인식되는 이들에게서 나온 것은 결코 우연이 아니다. C. S. 루이스는 조심스럽게 다음과 같이 결론짓는다.

> 나는 고난이 … 그러한 악들(분노와 냉소)을 만들어 내는 자연적인 성향을 갖고 있다고 믿지 않는다. 나는 전선 참호라고 해서 다른 곳보다 증오, 이기주의, 반역, 부정직이 더 가득한 것을 보지 못했다. 나는 크게 고난당한 사람들 가운데서 그 심령이 굉장히 아름다운 것을 보아 왔다. 나는 사람들이 대부분 나이가 들면서 더 나빠지지 않고 더 좋아지는 것을 보았으며, 그 최후의 병이 가장 가망 없는 것들로부터 용기와 온유함이라는 보화들을 만들어 내는 것을 보아 왔다. … 만일 세상이 정말 "인격 형성의 계곡"이라면, 전적으로 그것은 제 일을 행하고 있는 듯하다.[2]

레오의 유산

영화 "레오 뷰어먼"(Leo Beuerman)을 본 사람들은 인간의 연약함을 통해 하나님의 아름다움이 드러나는 또 하나의 실례를 알고 있을 것이다. 레오 뷰어먼은 선천성 기형이다. 그의 몸은 오그라졌고, 뒤틀렸고, 왜소하며, 그의 용모는 전부 불균형적이다. 영화에서는 완전한 성인

(60대)이지만 키는 60센티미터가 채 못 된다. 평생토록, 레오가 어디를 가든지 사람들은 재빨리 그에게서 시선을 돌렸다. 그러나 그는 자신의 생을 침대 혹은 장애인 시설에서 보내지 않았다.

그는 아이오와 농장에서 어머니와 함께 살면서, 시계 수리공이라는 꽤 괜찮은(그러나 그에게는 괴롭기 짝이 없는) 일을 하고 있었다. 그를 감싸주던 어머니가 돌아가신 후 레오는 바깥세상으로 더 깊이 들어갔다. 그는 자그마한 빨간 손수레를 하나 만들었다. 하지만 매일 그 손수레를 특수 제작된 트랙터에 끌어다 매는 것은 그에게는 고통스럽고 시간이 걸리는 하나의 의식이나 다름없었다.

그러나 레오는 어떻게든 자기의 시간을 메워 나가야 했다. 매일 그는 트랙터를 타고 읍내까지 여행을 했다. 읍내에 도착해서는 조심스럽게 쇠사슬과 도르래가 달린 복잡한 사다리 아래로 자기 몸과 손수레를 내린 다음, 장사할 채비를 했다. 그는 시계, 연필, 펜을 자기 앞에 벌여 놓고 손수레 안에서 참을성 있게 기다렸다.

손님들은 대개 어린이들과 그의 괴상하고 장어를 가진 몰골을 상관하지 않기로 마음먹은 사람들이었다. "물건을 보증합니다"라는, 레오의 손수레 위에 손글씨로 쓴 광고 문구가 그의 장사 철학을 말해 주었다. 레오는 결코 차비를 구걸하거나 자기 상품에 표시된 가격보다 더 받는 법이 없었다. 독립되고 자유로운 몸으로, 그는 자기의 목표를 성취해 나갔다. 그는 결코 자신을 동정심이나 혐오감을 갖고 바라보지 않았다. 비록 자신은 몸 안에 감금되었으나 그는 그것을 초월하는 방법들을 발견했다.

대개의 사람들에게는 보통으로 생각되는 행동들, 곧 운전하기, 말하기, 타이핑하기, 책 읽기가 레오에게는 최상의 노력으로만 이루어 낼 수 있는 놀라운 목표들이었다. 그러나 레오는 성취했다. 그는 66세에 이르러 시력이 쇠할 때까지 자신의 트랙터로 약 5만 킬로미터를 운전했다. 그러고도 수년간 시력을 잃고 청력을 상실하기까지 수제 가죽 지갑을 팔러 다녔다. 레오는 유산으로 다음과 같은 자신의 생각을 힘들게 타이핑해 남겨 놓았다.

> 나는 누구나가 때때로 외롭고 자신에 대해 슬퍼할 때가 있다고 생각한다. 그러나 나는 중도에 포기하는 무력한 사람이 아니다. 한때는 연약하고 병약했지만 지금 나는 누구도 가능하리라 생각하지 못한 일들을 행하고 있다. 나는 혼자 힘으로 일하며 인생을 즐기고 있다.
>
> 내가 하나님의 선하심을 믿느냐고? 누구나 성경의 이 말씀을 알고 있을 것이다. "우리는 하나님을 사랑하는 사람들에게는 모든 것이 합력하여 선을 이룬다는 사실을 알고 있다." 사실이 그렇기 때문에 나는 과거와 바로 지금까지의 경험으로부터, 너무도 확실히 하나님의 선하심을 믿는다고 진실되게 대답할 수 있다.

예수님의 제자들이 한 눈먼 사람에 대해 질문했을 때, 예수님은 먼저 그가 눈먼 것이 어떤 죄에 대한 벌이 아니라고 하셨다. 그러고는 말씀하셨다.

> "이 일은 하나님의 역사가 그의 생애 가운데 나타날 수 있기 위하여 생긴 일이라"(요 9:3, NIV, 역자 직역).

버클리 씨와 레오 같은 사람들 안에서, 하나님의 역사는 여지없이 드러나고 있다. 세상의 고통받는 사람들을 바깥에서 바라보고 있는 우리는 그들에게 분노와 비통함이 있으리라 추측한다. 우리는 그들이 하나님께 달려들어 생의 불공평에 대해 항변하리라고 생각한다. 그러나 놀랍게도 그들은 하나님 안에서 위안을 발견하며, 그럼으로써 우리를 부끄럽게 만든다.

위대한 역전

고난의 상황 가운데 그 무엇이 이러한 역전, 즉 고통이 사람을 파괴하는 대신 세워 주는 결과를 초래하는 것일까?

예수님은 어떤 면으로 하나님의 관점에서 보이는 세상은 가난한 자들과 고통당하는 자들에게 유리한 쪽으로 기울어져 있다고 분명히 가르치셨다. 때때로 "역전의 신학"[3)]이라고도 불리는 이 가르침은 산상수훈에서 그리고 "먼저 된 자가 나중 되리라"라는 예수님의 말씀(마 19:30; 막 10:31; 눅 13:30) 가운데 잘 나타나 있다. 또한 "자기를 낮추는 자가 높임을 받게 되리라"(눅 14:11, 18:14)라는 말씀도 있다. "너희 가운데 가장 큰 자는 가장 작은 자가 되어야 하며, 지도자는 섬기는 자가 되어야 한다"고 예수님은 명하셨다(눅 22:26, RSV, 역자 직역). 선한 사마리아인의 비유와 부자와 나사로의 비유는 이러한 세상 질서의 역전이라는 진리를 증언해 주고 있다.

예수님은 여기서 인간의 자기만족이 산산이 깨어져야 한다는 성경적 개념을 반복해 말씀하신 것이 아닐까?

만일 자기만족이 마치 자석처럼 우리를 하나님으로부터 끌어당기기 때문에 가장 치명적인 죄라고 한다면, 진실로 고난당하는 자들과 가난한 자들은 하나의 이점을 갖고 있는 셈이다. 그들에게 의존의 필요성과 자기만족의 결여는 매일의 일상에서 너무도 명백하다. 그들은 힘을 얻기 위해 어딘가로 향해야 하며, 때로 그 새롭게 하는 힘을 하나님 안에서 발견한다.

인생의 유혹적인 장애물들, 곧 정욕, 교만, 성공, 매력이 어떤 이들에게는 투쟁해서 얻기에는 너무 멀리 떨어져 있다. 레오와 버클리 씨는 부나 인기나 자유분방한 연애 같은 것은 꿈도 꾸지 못했다. 그 목표들은 비록 그들이 원했을지라도 그들이 접근할 수 있는 범위에서 벗어나 있는 것이었다.

조지 맥도널드(George MacDonald)는 그의 『산상수훈 강해』에서 이 원리에 관해, 특히 '심령이 가난한' 것에 대해서 언급한다.

> 가난한 자들, 심령의 거지들, 마음이 겸손한 자들, 야심 없는 사람들, 이타적인 사람들, 사람을 결코 경멸하지 않는 사람들, 그리고 자신의 칭찬을 구하지 않는 사람들, 자신 안에서는 칭찬할 거리를 찾지 못하며, 따라서 다른 이들에게서 칭찬받기를 구할 수 없는

이들, 자신을 주어 버리는 사람들, 이들이 그 나라의 자유인들이요, 이들이 새 예루살렘의 시민들이다.

자기 자신들의 본질적인 가난함을 알고 있는 사람들, 친구가 부족하거나 영향력이 없거나 성취해 놓은 것이 없거나 돈이 없어서 가난한 사람들이 아니라 영혼이 가난한 사람들, 스스로가 가난한 피조물임을 느끼는 사람들, 자신들에게서는 만족할 만한 것을 찾지 못하며 스스로를 좋게 평가할 만한 어떤 것도 바라지 않는 사람들, 자기들의 삶을 값있게 만들려면, 자기들의 존재를 유익한 것으로 만들려면, 그리고 살아가는 데 꼭 필요한 존재가 되려면 자신들에게 많은 것이 필요하다는 것을 아는 사람들, 이렇게 겸손한 사람들이 곧 주님이 복되다고 부르신 가난한 자들이다.

어떤 사람이 나는 낮고 가치 없는 사람이라 말할 때, 그때 천국의 문이 그의 앞에 열리기 시작한다. 왜냐하면 그곳은 진실한 자들이 들어가는 곳이요, 이 사람은 자신에 관한 진실을 깨닫기 시작했기 때문이다. 그러한 사람은 자기가 어디까지 이르렀든지 즉각 잊어버린다. 그것은 그의 일부요, 이미 그의 뒤에 있는 것이다. 그의 관심사는 그가 갖고 있지 않은 것, 그리고 그의 위에 그리고 그의 앞에 놓여 있는 것이다.[4]

이런 식으로, 가난한 자들은 복된 것이다. 그들의 매일의 삶은 하나님 나라에 들어가기에 요구되는 겸손을 보다 엄밀히 설명해 준다. 산상수훈의 선포("가난한 자 … 애통하는 자 … 온유한 자 … 핍박당하는 자들은 복이 있다")는 하층민들에게 그들의 자아상을 개선시키기 위해 예수님이 던지신 빵 조각 같은 것이 아니다. 그것은 하나님 나라의 실재를 반영하는 참된 선언들이다.

> "누구든지 자기 생명을 얻는 자는 잃을 것이요, 누구든지 나를 위하여 자기 생명을 잃는 자는 얻을 것이라"(마 10:39, ESV, 역자 직역).

때때로 고통과 고난 같은 외관상의 비극들이 '자기 생명을 잃는' 길쪽으로 우리를 밀어 줄 수 있으며, 그러면 우리는 그로 인해 하나님께로 더 가까이 나아갈 수 있다.

다시 한 번, 존 던은 그의 기도서에 나오는 기도 가운데서 그 진리를 포착했다.[5] 그것은 고통당하는 이들에게 강요될 수는 없는, 그러나 한 죽어 가는 사람의 펜에서 나온 기도다.

> 오, 가장 은혜로우신 하나님, 자신의 목적들을 완전히 이루시는 하나님, 하나님은 이 병의 첫 번째 고통으로, 나는 필연적으로 죽게 되어 있다는 사실을 상기시켜 주셨습니다. 그 고통이 계속하여 나를 포위해 왔을 때, 하나님은 내가 바로 이 순간에라도 죽을 수 있다는 사실을 더 깨닫게 해주셨습니다.
> 처음 증세들로 하나님은 나를 일깨우셨습니다. 그 이상의 고통으로 하나님은 나를 내던져 하나님께로 부르셨습니다. 나를 벌거벗기심으로 나를 하나님으로 옷 입히셨습니다. 내 몸의 감각을 이

세상의 붉은 고기와 쾌락에 대해 마비되게 하심으로 하나님을 이해할 수 있는 나의 영적 감각을 예민하게 하셨습니다.

내 몸이 녹아질 때에 주여, 내 영혼은 하나님을 향하여 올라갑니다. 그 일을 더 속히 이루소서.

나의 미각은 사라지지 않고 더 높아짐으로 다윗의 상 앞에 앉아 주님의 선하심을 맛보고 알게 되었습니다. 나의 위장은 천국에 있는 성도들과 함께 어린양의 잔치 자리에 올랐습니다. 나의 무릎은 연약하나, 약해짐으로써 쉽게 무릎 꿇고 자신을 주님께 고정시킬 수 있게 되었습니다.

그리고 가시덤불 가운데 빛으로 나타나신 하나님, 이 고진 병의 덤불과 가시 가운데 나에게 나타나사, 나로 하여금 이 격심하고 고통스러운 시간 중일지라도 하나님을 내게로 이끌어, 내가 하나님을 볼 수 있고 하나님이 나의 하나님이심을 알 수 있게 하옵소서.

이 일을, 오 주여, 그분을 위하여, 이 세상에서 가시로 관을 쓰시도록까지 주님이 고통케 하심으로써 넉넉히 하늘의 왕이 되게 하신 그분을 위하여 행하시옵소서.[6]

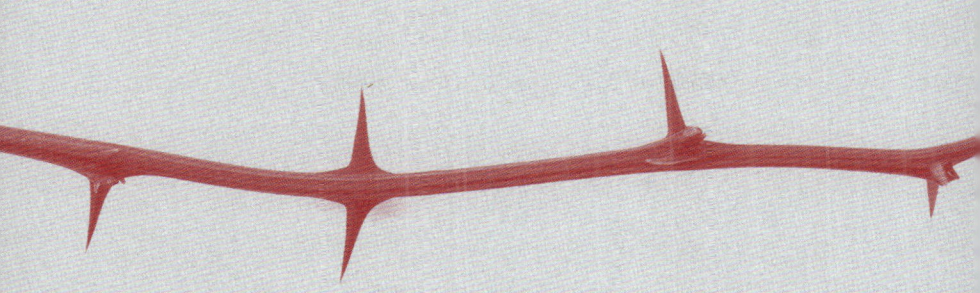

Part 3
어떻게 고통에 대처할 수 있을까?

마치 몸 안에 있는 가스가
질병인 양 가장하듯이
그리고 결석과 응혈이 그러하듯이,
두려움이 마음의 모든 질병을 가장할 것이다.

- 존 던, 『기도서』(*Devotions*)

11

절망으로 인도하는 두려움과 무력감

우리 중에는 브라이언 스턴버그와 조니 에릭슨이 겪은 것과 같은 고통을 체험하게 될 사람은 거의 없을 것이다. 또 대부분은 버클리 씨나 레오 뷰어먼이 느낀 것과 같은 심리적 고통도 겪지 않을 것이다. 우리의 고통은 이보다 더 짧고 약하게 닥칠 것이다. 그러나 사람들은 고통에 대해 각기 다르게 반응한다.

어떤 사람이 고통에 대해 어떻게 반응할지를 예상하는 방법은 없을까? 고통으로 인한 충격을 감소시키기 위해 고통에 대비하는 방법을 배울 수는 없을까?

극심한 고통을 당하는 이들의 경험을 통해 우리 각자가 고통에 대처하는 원리들을 이끌어 낼 수 있다.

상처의 정도

의학자들은 특정한 고통에 대한 우리의 태도가 그 고통의 영향력을 증가시키는 주요인들 중 하나라는 사실을 발견했다.

사람들은 산통이나 고문 같은 경우에는 어쩔 수 없는 고통이라 생각하며 기꺼이 받아들이려 한다. 사실상 우리는 미용상의 이유로 스스로 고통을 가하는 경우도 많다. 수세기 동안 중국 여인들은 아름답게 보이기 위해 발을 묶고 다녔다. 미국인들은 눈썹을 뽑고, 따가운 뙤약볕에 피부를 태우며, 얼굴과 몸매를 더 좋게 만들려고 성형 수술을 받는다. 이 모두가 미에 대한 문화적 표준에 맞추기 위한 것이다. 우리는 이런 고통을 겪음으로써 실제로 다른 사람들로부터 인정을 받고 있다. 그리고 고강도의 마사지나 냉수마찰 같은 고통은 삶에 풍요를 더해 주는 기분 좋은 고통으로 간주되고 있다.

특정한 고통으로 인해 사람들로부터 얼마나 큰 동정을 받느냐는 것 역시 하나의 차이를 만든다. 퇴역 군인을 끊임없이 괴롭히는 전쟁 상흔이나 대단한 업적을 이룩한 사업가가 겪는 두통은 만족감을 가져오는 용기의 상징이다. 반대로 치질과 같이 남모르는 고통은 외롭고 성가신 투쟁이다. 그 고통은 동정이 아니라 난처함을 불러오며, 그 점이 고통을 더 증가시킨다.[1]

대부분의 경우, 고통을 견딜 수 있는 우리의 능력에 강하게 영향을 미치는 두 가지 태도가 있다. 우리의 반응은 크게 두 가지 태도의 존재 여부에 좌우된다.

두려움

폴 브랜드 박사는 제2차 세계대전 중 런던에서 의학 기술자로 일했던 자신의 경험을 들어 고통의 다양한 효과를 설명한다. 대륙 전역에서 실려 온 부상자들이 그에게 용기에 관한 굉장한 이야기들을 들려주었다. 몸에 포탄 파편이나 수류탄 조각을 맞은 어떤 사람들이 그 고통을 무시한 채 무시무시한 포화를 뚫고 돌진해서 동료들을 구출해 냈다는 것이다.

영국 군인들은 사기가 드높아서 부상을 당했다는 이유로 금방 쓰러지는 사람이 거의 없었다. 신체적으로 도저히 불가능한 상태에 이르기까지 싸움을 계속하는 경우가 많았다. 브랜드 박사는 이런 사람들을 치료해 주었는데, 그중에는 사지가 절단된 사람들도 있었고 상처에 심한 궤양이 생긴 이들도 있었다.

이상한 것은, 이들 전쟁 영웅이 항생제를 맞는 시간이 되면 그 용기를 모두 잃어버렸다는 것이다. 당시 새로 발견되었던 페니실린은 런던의 한 증류기에서 원시적으로 제조되었다. 그렇게 제조된 약에는 불순물이 섞이고 약간 유독성이 있어, 혈관에 많은 양이 투입되면 자극이 극심했으므로 세 시간마다 소량을 주사했다. 주사는 심한 통증을 수반했다.

브랜드 박사는 야간 근무 중 간호사가 새벽 2시에 페니실린을 담은 쟁반을 들고 들어갔던 일을 회상한다. 간호사가 들어가기 몇 분 전이 되면 그들은 잠에서 깨어나곤 했다. 그들은 눈을 동그랗게 뜨고, 어떤 이들은 부들부들 떨면서 침대에 누워 있었다. 간호사가 다가오는 소리에 비통한 신음 소리를 내기도 했다. 전쟁터에서 목숨을 걸고 싸웠던 바로 그 용맹한 군인들이 간호사가 주삿바늘을 들고 다가오면 참지 못해 흐느껴 울곤 했다.

그들 중 그 누구도 주삿바늘이 주는 고통이 전선에서 겪은 고통보다 심하다고 주장할 사람은 없을 것이다. 그러나 다른 요인들, 곧 그들의 환경과 기대가 한 번의 페니실린 주사를 맞는 일을, 생사를 가름하던 전장보다도 더 두려운 체험으로 만든 것이다.

시카고대학의 연구원인 애즈내스 페트리(Asenath Petrie)는 고통에 대한 반응별로 사람들을 세 가지 범주로 분류하는 놀라운 체계를 개발했다. 먼저 '증대파'는 고통의 역치가 낮은 사람들로, 그들이 체험하는 모든 고통은 심하게 과장된다. '감소파'는 보다 높은 고통의 역치를 갖고 있으며, 눈에 띌 만한 소란 없이 훨씬 더 많이 고통을 참을 수 있다. '온건파'는 이 둘의 중간쯤 되는 사람들이다. 그녀는 두려움이 바로 증대파의 고통을 향한 태도를 가장 잘 묘사해 주는 유일한 요인임을 발견했다.

존 던은 자기를 돌보는 의사에게서 두려움의 징조를 보고 난 후에, 두려움의 힘에 대해 다음과 같이 묘사했다.

> 두려움은 마음의 모든 작용이나 걱정 안에 슬며시 들어간다. 마치 몸 안에 있는 가스가 질병인 양 가장하듯이 그리고 결석과 응혈이 그러하듯이, 두려움이 마음의 모든 질병을 가장할 것이다.

그것은 사랑, 즉 소유하고자 하는 사랑처럼 보인다. 그런데 그것은 실제로는 하나의 두려움, 잃어버릴까 봐 시기하고 의심해 보는 두려움인 것이다. 그것은 위험을 얕보고 경시하는 용기처럼 보일 것이나 실은 의견과 판단을 과대평가하고 그것을 잃을까 봐 염려하는 하나의 두려움일 뿐이다.

사자를 두려워하지 않는 사람이 고양이 한 마리를 두려워한다. 굶어 죽는 것을 두려워하지 않으면서 자기 앞에 베풀어진 식탁 위의 고기 조각을 두려워한다.

… 나는 두려움이 무엇인지도 모르며, 내가 지금 두려워하고 있는 것이 무엇인지도 모른다. 나는 나의 죽음이 재촉되는 것을 두려워하지는 않으나, 그러나 병이 확대되는 것은 정말 두렵다. 내가 이것을 두려워하는 마음을 부인하려면 나는 본성을 속여야 한다.[2]

무력감

1957년에 존스홉킨스대학 출신의 심리학자인 커트 리치터(Curt Richter) 박사는 두 마리의 들쥐로 다소 짓궂은 실험을 했다. 그는 첫 번째 쥐를 따뜻한 물이 들어 있는 탱크 속에 떨어뜨렸다. 쥐는 헤엄을 잘 치는 동물이기에, 첫 번째 쥐는 60시간 동안을 버둥거리며 헤엄을 친 후에 결국 기운이 빠져서 익사했다.

리치터 박사는 두 번째 쥐를 첫 번째 쥐와 달리 물속에 떨어뜨리기 전에, 버둥대는 것을 멈출 때까지 그의 손 안에 꽉 움켜쥐고 있었다.

그런 다음 물탱크 속에 떨어뜨렸더니, 그 쥐는 완전히 다르게 반응했다. 몇 분 동안 물장구를 치고 난 후 저항 없이 바닥으로 가라앉은 것이다. 리치터 박사는 두 번째 쥐는 그가 물속에 떨어뜨리기 전에 벌써 자신의 운명이 가망 없음을 깨닫고 "포기했다"고 주장한다.[3] 요컨대 두 번째 쥐는 포기해 버린 무력한 상태로 인해 죽은 것이며, 무력감이 바로 고통받는 사람들의 특징인 동시에 사람들을 절망으로 인도할 수 있는 두 번째 요인의 감정인 것이다.

「뉴욕」지는 무력감의 영향을 요약한 한 기사에서 5년 반 동안 베트남 공산주의자에게 구류되었던 군의관, 해럴드 쿠쉬너(Harold Kushner) 소령의 경우를 인용하여 설명하고 있다.

> 쿠쉬너가 들어간 전쟁 포로수용소 안의 포로들 중에 24세 된 강인한 젊은 해병대원이 있었는데, 그는 이미 2년이라는 포로수용소 생활을 비교적 양호한 건강 상태로 지탱해 온 사람이었다. 이에 대한 부분적인 원인은 수용소의 지휘관이 그에게, 그가 만일 협조한다면 석방시켜 주겠다고 약속했기 때문이었다. 전에도 다른 사람들에게 그와 같이 해준 사례가 있었기 때문에, 그 해병대원은 모범적인 포로가 되었으며 수용소의 사상 개조반 반장이 되었다.
> 그러나 시간이 지나면서 그는 자신을 체포한 자들이 자기를 속였다는 사실을 깨닫게 되었다. 이러한 깨달음에 사로잡히자 그는 넋을 잃고 말았다. 그는 모든 일을 거부했고, 모든 음식과 격려를 사

양했으며, 그저 자기 손가락을 빨면서 침대 위에 누워 있었다. 몇 주일 후 그는 결국 죽어 버렸다.[4]

펜실베이니아대학의 마틴 셀리그먼(Martin Seligman) 박사는 이 해병대원의 사망 원인을 무력감 탓으로 돌린다. 그가 쇠약해져서 죽음에 이른 이유를 엄격히 의학적으로 해명하기란 불충분하다는 것이다. 셀리그먼 박사는 다음과 같이 쓰고 있다.

> 석방의 희망이 그를 지탱시켰다. 그가 그 희망을 포기했을 때 모든 노력은 헛된 것이 되었으며, 앞으로도 그럴 것이라고 믿게 되었을 때 그는 죽게 된 것이다.[5]

쿠쉬너의 체험은 살아가기 위해서는 어떤 희망이 필요하다는 사실을 입증한 하나의 실례다. 그 해병대원은 브라이언 스턴버그와 조니 에릭슨 그리고 다음 장에서 소개할 포로수용소의 생존자들과 대조를 이룬다. 그러나 그는 두려움에 굴복하고 마는 수천의 사람들, 곧 나이 든, 이혼한, 외로운 드는 가난한 많은 사람을 대표한다.

다음 장에서는 우리 안에서 그리고 우리 주변에서 고통받는 사람들에게 있는 무력감과 두려움을 상대로 우리가 투쟁할 수 있는 방법들이 소개될 것이다. 생존자들의 공통적인 체험에서 이끌어 낸 이 같은 법칙들은 한 해병대원을 멸망시킨 낙심하는 마음을 막는 데 도움을 줄 수 있다.

내가 잠든 사이
고통은 방울방울 내 심장 위로 떨어지고
이윽고 나의 고뇌 중에
하나님의 은혜가 나타난다.

- 아이스킬로스(Aeschylus, 고대 그리스의 대표적인 비극 작가)

12

두려움과
무력감을 없애는
특별한 방법

    1964년, 예수 수난일에 강렬한 지진이 알래스카를 강타해 집들을 부수고 거리를 흔적도 없이 파괴하고 해일을 일으킨 사건이 있었다. 가족들은 뿔뿔이 흩어졌으며, 117명이 사망했고, 재산 피해액이 총 7억 5천만 달러나 발생했다. 사회학자들은 진앙 근처인 앵커리지와 시워드 같은 도시들로 극히 가서 사람들의 반응을 분석했다. 수백 명의 생존자들을 면담하고 그 후 수년간 그들을 추적한 후 연구진은 다음과 같은 결론을 내놓았다.

1. 전반적으로 알래스카인들은 위기에 훌륭하게 반응했다. 혼란이나 약탈이 거의 없었고, 생존자들은 서로를 향해 동정심을 나타냈다. 이 지역 사람들은 재난의 영향으로부터 본래의 위치로 신속

히 복귀했다. 사회학자들은 알래스카인들이 역경을 이겨 내는 데 익숙하기에 잘 대처한 것으로 결론지었다. 알래스카인들에게는 혹독한 환경에서 살아남기 위해 개척 정신이 필요했던 것이다.

2. 6개월간의 여진 기간을 견뎌 낸 사람들은 위기에 가장 잘 적응했다. 반면 첫 번째 지진이 있은 직후 충격을 받고 그 주를 피해 떠나간 가정들은 이혼율과 정서적 불안도가 높았다. 재난을 당한 기억을 참고 견디는 것이 두려움을 극복하는 데 도움이 된 것 같다.

3. 지진이 발생한 순간 한곳에 모여 있었던 가족들은 다른 여러 장소(학교, 가게 등)에 흩어져 있던 가족들보다 더 잘 견뎌 냈다.

4. 대다수가 극적인 기도로 하나님께 매달렸다. 교회 출석률이 기록적으로 증가했으나, 1년 내에 다시 평소 수준으로 떨어졌다.

과학자들은 여러 재난들이 일어난 후에 사람들이 어떻게 반응하는가는 전문적으로 분석해 줄 수 있다. 하지만 그 자료에서 우리 자신이 당면한 위기를 대비하는 데 도움이 되는, 삶을 변화시켜 줄 만한 유용한 공식은 전혀 찾아볼 수 없다. 각각의 위기는 두려움과 무력감(또는 절망)이라는 주요한 적들(알래스카인들은 분명히 이 요인들에 대처할 수 있는 어떤 경험을 갖고 있었다)을 강조하고 있을 뿐이다.

생존자들

그러면 우리는 삶 가운데서 고통받는 사람들이 두려움과 무력감에 맞서 싸우도록 어떤 자원들을 제공해 줄 수 있을까? 현대 의학은 역사상 그 어느 때보다도 희망을 가질 이유를 더 많이 제공한다. 그러나 의술은 환자들의 태도를 변화시켜 주는 데는 거의 아무 일도 할 수 없다. 만일 두려움과 무력감이 우리의 반응에서 그처럼 결정적인 요인들이라면, 우리는 그 감정들을 없애는 특별한 방법들을 탐구해야 할 것이다.

고통받는 사람은 우리 중 누구라도 제공해 줄 수 있는 어떤 자원들을 필요로 한다. 그것은 곧 사랑, 희망, 존재감이다. 그렇다면 그를 도와주려는 우리의 노력은 그의 정신에 힘을 제공해 주는 방향으로 집중되어야 할 것이다.

보다 강인한 정신을 가지고 고통을 이겨 내는 사람들, 곧 『이제는 외롭지 않다』에서 한센병과의 투쟁을 묘사한 스탠리 스타인(Stanley Stein), 『수용소 군도』에서 포로수용소의 실상을 들려주는 알렉산더 솔제니친 같은 사람들은 인간 정신의 회복 능력을 보여 주는 감격적인 표징이다.

이같이 보기 드문 인물들에게 있어서 고난은 실제로 정신에 영양을 공급해 주었으며, 정신을 튼튼하게 살찌웠다. 특별히 포로수용소 생활은 최소한의 인간적인 상황 아래서 무력감이 극복될 수 있음을 보여 준다.

『생존자』에서 테렌스 데 프레(Terence Des Pres)는 대학살에서 생존자들이 써 놓은 대부분의 기록들을 관찰했다. 생존했던 사람들의 실제 기록을 연구하면서, 그는 유태인들이 "도살장으로 끌려가는 양처럼" 자신들의 운명을 순순히 받아들였다는 이야기가 대부분 사실무근이었음을 발견했다. 철조망과 벽돌담 안에 갇힌 유태인들은 인간의 용기와 친절을 표현하는 새로운 영역을 개발했던 것이다. 물론 어떤 이들은 굴복했다. 그러나 더 많은 사람이 저항했으며, 나치가 그들의 인간 정신을 파괴하는 것을 거부했다.

프레는 나치가 궁극적으로 행동주의라는 "스키너 상자"를 만들려고 했던 일을 언급한다. 이 상자 안에서는 갇힌 사람이 지성 없는 동물이 되도록 환경을 조장하여 결국 인간의 행동을 예측하고 통제할 수 있게 된다. 수용소에서는 고통과 죽음을 "부정적인 강화 요인들"로, 음식과 생명을 "적극적인 강화 요인들"로 사용해서 그것들을 포로들에게 지속적으로 활용했다.

그러나 그 실험은 성공하지 못했다. 포로들 중에는 포기한 사람들도 있었고 얼마는 뒤로 물러났지만, 많은 사람이 저항했으며 그들 나름대로 대처하는 방법들을 발견했다. 그러한 수용소의 생존자들 중에는 잔인함과 비인간성이라는 꼬이고 뒤틀린 견해가 아니라, 덕과 희망의 부활이라는 개념을 가진 것으로 두각을 나타낸 이들도 있다 (예를 들어, 코리 텐 붐과 솔제니친의 글에 묘사된 사람들).

그중에 조지 맹거키스(George Mangakis)라는 사람이 있었는데, 그는 비인간적으로 고문을 당했으며 그리스 군사 독재 시기에 정치 포로로서 18년형을 언드받았던 사람이다. 맹거키스는 자신의 윤리적 신념을 고수하고, 자신이 아니라 오히려 자신을 심문하는 사람들을 동정함으로써 도움을 얻었다.

나는 한 피해자의 운명을 체험했다. 심문자의 얼굴에 바싹 접근해서 대면해 보았다. 그 얼굴은 나 자신의 처절하고 창백한 얼굴보다 더 나쁜 상태였다. 심문자의 얼굴은 인간적인 면이라고는 전혀 없는, 일종의 경련으로 인해 뒤틀려 있었다.

이 상황에서 나는 행운아로 판명되었다. 나는 굴욕당했다. 그러나 나는 다른 사람들에게 굴욕을 주는 입장에는 있지 않았다. 나는 내 아픈 내장 속에 단지 슬픈 인간애를 지니고 있었다. 이에 반하여, 굴욕을 주는 입장에 있는 사람들은 먼저 그들 자신 안에 있는 인간애의 개념을 굴복시켜야 한다.

그들이 정복을 입고, 그들과 같은 동료 인간들의 고통, 불면, 굶주림과 절망을 조종할 수 있다는 지식으로 잔뜩 허세를 부리며, 그들 손안에 있는 힘이 도취되어 거만스레 활보할지라도 상관치 말라. 그들의 도취는 인간성의 타락 그 외에 아무것도 아니다. 궁극적인 타락이다. 그들은 그렇게 나의 고통에 아주 톡톡히 보상해야 했던 것이다.

나는 가장 나쁜 위치에 있지 않았다. 나는 단지 그가 큰 고통 가운데 있기 때문에 탄식한 사람이었다. 그 편이 낫다. 지금 이 순간 나는 어린아이들이 학교 가는 것이나 공원에서 노는 모습을 보는

즐거움을 빼앗기고 있다. 그러나 반면에 그들은 자기 자식들의 얼굴을 정면으로 마주 보아야만 한다.[1]

도움의 줄

맹거키스는 자신을 체포자들보다 위에 올려놓은 하나의 이상주의로 인해 생존할 수 있었다. 인간애에 대한 믿음 때문에, 그는 심문자들을 동정심으로 바라볼 수 있게 되었다. 그러나 그러한 종류의 내적인 비축물로 지탱할 수 있는 사람은 거의 없다. 보다 흔한 경우는, 고통받는 자들에게 있어서 가족이 희망의 결정적 중심점이 되는 경우다. 나치 수용소 안에서 자기 가족이 아직 자유 상태라는 사실을 알고 있던 사람들은 어느 날엔가 다시 만나리라는 희망에 매달렸던 것이다.

사실상 포로수용소 생활을 견디는 데 요구되는 그러한 내적 희망은 종종 그 피수용자가 '자기의 고통을 누군가가 걱정해 준다'는 사실을 알았을 때에만 가능했다. 그래서 나치 간수들은 친구들을 분리시키고 피수용자들로 하여금 서로를 향해 폭력을 일삼도록 조장함으로써 우정의 줄을 끊고자 노력했다.

큰 고통 가운데 처한 대부분의 사람들은 그 고통이 신체적인 것이든 심리적인 것이든 '혼자'라는 느낌을 강하게 받는다. 그들은 그 고통은 스스로 감당해야 하며 어느 누구도 자신을 완전히 이해해 줄 수 없기 때문에, 하나님과 다른 이들로부터 버림받은 것처럼 느낀다.

대학살에 관한 글을 읽고 내가 깊이 느낀 점은 고통 중에 있는 사람들에게는 공감하며 접근하는 것이 매우 중요하다는 사실이었다. 고통받는 사람들은 다른 사람들이 접근하지 못하도록 장벽들을 세우기 일쑤다. 그들은 이렇게 말한다.

"당신은 결코 이해하지 못할 것이다. 당신은 이 같은 일을 전혀 겪어 보지 못했다."

그러한 경우에는 비슷한 체험을 한 사람이 도움을 줄 수 있다. 조니 에릭슨은 병원에서 자기연민에 빠져 있었지만, 어느 명랑하고 밝은 사지마비 장애인의 방문을 받고 그 감정에서 벗어났다. 그리고 지금은 그녀가 뒤를 이어서 다른 사람들에게 희망을 주는 역할을 하고 있다.

고난은 자기연민, 상처 난 자존심, 순교자가 된 듯한 느낌 그리고 부정적인 자아상에 걸려들게 하는 덫이 될 수 있다. 이런 데 빠져들지 않은 사람들은 누군가를 완전한 절망으로부터 헤어나도록 돕는 유일한 방법을 제시해 줄 수도 있다.

나는 이 책의 중간 부분에서 고난에 '성공적으로 대처한' 사람들의 실례들을 열거했다. 물론 고통으로 인해 파멸된 사람들의 경우도 많다. 그러나 희망이 고통에 대처하는 결정적 요소이기 때문에, 나는 현실의 '성공담'을 과도히 강조해도 되지 않을까, 하는 생각을 가졌던 것이다.

슬픔을 나눔

고통당하는 사람들은 때로 단계적으로 정신을 재정비할 필요가 있다. 자신에 대한 새로운 신념, 자신에 대한 새로운 인식, 자신이 틀림없이 인정받는 세상에서의 새로운 위치가 그것이다.

중서부에 있는 한 목회자가 자신이 수년 전 체험했던 일에 관해 적은 편지를 보내왔다. 의사들은 그가 신경 쇠약이라고 했다.

가장 고통스러웠던 점은 하나님이 침묵하고 계신 듯했던 점입니다. 나는 '말 없는 어둠에 대고 기도했다'는 생각이 들었습니다. 나는 이에 대해 많이 생각했습니다. 하나님은 침묵하고만 계신 듯했습니다. 부분적으로는 나의 우울증이 문제였고 일부는 기독교 사회가 문제였습니다.

대부분의 그리스도인들에게 나는 곤란한 존재였습니다. 그들이 말하는 것은 내가 겪고 있는 문제와 전혀 상관이 없었습니다. 어떤 목사님 한 분이 나를 위해 일반적이며 경건한 내용의 기도를 해준 것도 나에게 전혀 도움이 되지 않았습니다. 그들은 나의 고통을 느끼려 하지 않았습니다.

또 어떤 사람들은 그냥 나를 피했습니다. 아이러니하게도, 욥의 친구들은 어쩌면 심리적인 면으로는 욥에게 한 가지 도움이 되었을 것입니다. 적어도 그들은, 비록 분노심이긴 했지만 감정들을 밖으로 표출했습니다. 그들의 말은 무익했지만 분명히 그 문제를 다루었으며, 하나님은 어딘가에 계시다는 인상을 주었던 것입니다. 기독교 사회 내의 그 누구도, 내 아내를 제외하고는, 그 정도까지 나를 도와주지 못했습니다.

몇 년 후, 정신 건강을 되찾은 그 목사는 강단에서 시편 145편을 읽고 있었다. 그는 집중하려 했으나 무언가가 그를 괴롭혔다. 출생한 지 몇 주 안 된 그의 손자가 온 가족이 슬퍼하는 가운데 방금 죽은 것이다. 그는 하나님의 선하심과 공정하심에 대한 말씀을 계속 읽어 나갈 수 없었다. 그는 목이 메어 읽는 것을 중단하고, 긴장한 회중에게 그 사실을 말했다.

그는 당시를 다음과 같이 회상한다.

사람들은 교회를 떠나면서 두 가지 중요하고 도움이 되는 사실을 말해 주었지요. "당신의 고통을 우리가 함께 나눌 수 있게 되어 감사합니다." "저도 당신처럼 슬프군요." 이 단순한 말이 가장 도움이 되었습니다. 나는 혼자라고 느끼지 않았습니다. 옛날 내가 우울증에 빠졌던 때와는 달리, 나는 하나님과 그 백성에게서 버림받은 것이 아니었습니다. 그들은 나의 슬픔을 감싸 주었습니다.

때로는 고통을 나누는 단순한 말 한마디가 우리가 줄 수 있는 전부인 것이다.

치유의 희망

고통의 문제에 있어서 내가 지금까지 회피해 온 한 가지 중요한 면이 있다. 나는 두 가지 이유에서 기적적인 치유를 이 책에서 강조하지 않았다. 첫째로, 개인적인 간증에서부터 신학적인 논문에 이르기까지 치유에 대한 좋은 서적들이 많이 출간되었기 때문이다. 둘째로, 내가 이 책의 독자로 생각하는 사람들은 하나님을 의심하면서 고통의 덫에 빠져 있는 사람들이기 때문이다. 치유는 그 궁지에서 빠져나가는 한 가지 길이지만 그것이 모든 사람을 위한 길은 아니다. 브라이언 스턴버그에게 물어보라.

나는 신체적인 치유를 경시하려는 것이 아니다. 만일 의사가 내일 나에게 암이라는 진단을 내린다면, 틀림없이 나는 치유받을 수 있는 길이란 길은 모조리 찾을 것이다. 그러나 치유를 받은 사람들 모두가 (그리고 또 다른 사람들을 치유하는 일에 쓰임을 받아 온 사람들 역시) 결국에는 죽는다. 따라서 치유는 고통의 문제를 제거하지 못한다. 단지 그 문제를 지연시켜 줄 뿐이다.

치유의 희망은 고통받는 자에게 하나의 가능성 있는 목표를 주기 때문에, 무력감을 없애 줄 효과적인 해독제로서 출발할 수 있다. 그러나 치유의 희망은 만일 그 희망이 이루어지지 않고 하나님이 치유하지 않는 편을 택하실 경우, 믿음에 있어 큰 장애물이 될 수도 있다. 그것이 무력한 절망을 더욱 악화시킬 수 있는 것이다. 그 실례를 하나 들어 보겠다.

미네소타에 사는 하지 마비의 젊은 작가 바바라 샌더빌(Barbara Sanderville)은 나에게 보낸 편지에서 그 과정을 다음과 같이 묘사했다.

> 내가 그리스도인이 된 직후에 누군가가 나에게 하나님이 나를 고쳐 주실 것이라고 말해 주었습니다. 너무나 기쁜 소식이라 정말일 것 같지 않았고, 또 내가 감히 그 말을 믿을 수 있는지도 몰랐습니다. 그러나 성경에서 그와 도순되는 어떤 것도 발견하지 못했으므로 나는 희망을 갖기 시작했고, 그러고는 믿기 시작했습니다. 그러나 나의 믿음은 위태로웠고, 그리스도인들이 와서 "하나님은 모든 사람을 고쳐 주지는 않으신다"거나 "고통은 우리가 겨야 할 하나의 십자가다"라고 말해 주면 믿음이 흔들렸습니다. 그리고 지난 가을에는 꼭 죽을 것만 같았습니다. 나는 하나님이 나를 고쳐 주시리라 믿는 것을 프기했습니다.
>
> 그 당시 나는 남은 생을 휠체어에 앉아서 보내는 것을 감당할 수 없으리라 생각했습니다. 하나님은 나를 고쳐 주실 능력이 있으신데도 그렇게 해주지 않으신다(혹은 내가 그렇게 생각한다)는 사실이 나를 더욱 괴롭게 만들었습니다.
>
> 나는 이사야 53장과 베드로전서 2장 24절 말씀을 읽고, 마치 굶어 죽어 가는 개 앞에 고기 조각을 들고 있듯 치유의 약속을 들고 계신 하나님을 비난하곤 했습니다. 그분은 가능성을 보여 주시면서 나를 유혹하셨지만, 결코 나를 그 가능성에 접근하도록 허락하지는 않으셨습니다. 이것은 결국 깊은 죄의식을 가져왔는데, 성경

을 통해 하나님은 사랑의 하나님이시며 아무에게도 책임이 없는 분임을 알고 있었기 때문입니다. 내 안에 그러한 갈등이 있었기에 나의 정신 상태는 위험했고 나는 여러 번 자살을 생각했습니다. 나의 죄의식과 원한이 하나님과 나 사이에 점점 더 높은 벽을 쌓게 되자 나는 그저 하루를 끝내기 위해 진정제를 복용하기 시작했습니다. 이때쯤 해서 두통이 시작됐고 눈에 이상이 생겼습니다. 안과 의사는 아무런 신체적 원인을 발견하지 못했습니다.

나는 하나님이 살아 계시다는 것을 알고 있었기 때문에 여전히 기도하고 있었지만, 대개 그 기도는 울음과 하나님께 불평하는 것으로 끝났습니다. 나는 심한 자기 비애에 빠지는 것이 두려웠고, 그것은 매우 파괴적이었습니다. 그리고 여러 번 나는 하나님께 "치유가 구속 계획의 일부임이 그렇게 명백하다는데 어째서 나를 고쳐 주지 않으십니까" 하고 울부짖었습니다.

바바라는 결국 정신적 치유를 받고 고민을 씻게 되었다. 그리고 이제는 신체의 치유를 기다리고 있다.

바바라의 체험과 같은 경우들이 있기 때문에, 나는 치유의 희망은 현실적으로 주어져야 한다고 믿는다. 그것은 단지 '희망' 그 자체일 뿐이지 어떤 보증이 아닌 것이다. 만일 치유가 일어나면 즐거운 기적이 일어난 것이다. 만일 치유가 일어나지 않는다 해도 하나님은 당신을 쓰러지게 내버려두신 것이 아니다. 그분은 연약함까지도 사용하셔서 당신 안에 좋은 일을 이루실 수 있다.

두려움을 버림

고통의 문제에 있어서 기독교가 불완전한 해답을 주는 듯한 여러 국면이 있다. 때로 바바라의 경우처럼, 기독교 원리들이 혼란스럽고 모순되어 보일 때가 있다. 그러나 한 사람의 인격적인 믿음은 고통의 두 번째 요인인 두려움에 대처하는 데 보다 잘 훈련시켜 줄 수 있다.

두려움을 극복하는 체험들은 그 성질상 개인적이지, 일률적인 것이 아니다. 내 경우에는 어느 기간 이상 고통을 겪을 때마다 성경에 약속된, 고통으로 인한 유익한 결과들을 생각하려고 노력한다. 그러한 목록 중의 하나로 로마서 5장 1-5절에서 바울은 '인내, 인격, 소망 그리고 확신 혹은 담대함'을 열거하고 있다.

"어떻게 고난이 이런 것들을 이룰 수 있을까?" 하고 나는 자문해 본다. 그것은 나로 하여금 속도를 늦추게 하고, 나로 하나님께로 향하도록 밀어 주며, 네가 위기를 극복해 낼 수 있다는 증거를 보여 줌으로써 인내 혹은 꾸준함을 만들어 낸다. 인격에 대해서라면, 앞의 몇 장에서 고난을 통해 인격의 성장을 가져온 많은 실례를 다룬 바 있다. 나는 하나님이 고통의 과정 가운데 어떻게 관여하실 수 있는지 질문하면서, 그 고통이 주는 유익의 목록을 끝까지 살펴봤다.

하나님이 고난을 통하여 이러한 특성들을 만들어 내실 수 있다는 확신은 매우 위로가 된다. 고난은 일시적인 것이며 언젠가는 보상이 있으리라는 점을 아는 것이 바로 이 책 15장의 주제다. 고난은 또한 시련 아래서 믿음을 견고히 해주는 하나의 열쇠이기도 하다.

고통에 대비함

이 책은 어느 날 갑자기 죽음이라는 괴물을 만나 싸우게 된 클라우디아 클랙스톤의 체험으로 시작했다. 나는 클라우디아와 그녀의 남편 존을 만나 어떤 위기들은 배우자 사이를 서로 분열시키는데 어떻게 두 사람은 고난을 통해 더 단단해졌는지를 물어보았다.

무엇이 두려움과 무력감을 막아 그 부부의 친밀한 관계가 분열되지 못하게 했을까? 존은 병원 원목의 조수로 일하면서 사람들이 고난과 죽음에 반응하는 모습을 목격했으며, 거기서 얻은 특별한 통찰력을 갖고 있었다. 존은 내게 말했다.

"저는 병원에서 죽어 가는 환자들을 보았습니다. 그것은 TV쇼나 영화 같은 데서 보는 것과 같지 않았습니다. 영화에서는, 수년 동안 싸워 온 부부들도 위험이 닥치면 갑자기 서로의 차이를 잊어버리고 하나로 힘을 합칩니다. 그러나 생은 그런 식으로 흘러가지 않습니다.

한 부부가 어떤 위기를 만날 때, 그 결과는 그들의 관계 안에 이미 존재해 왔던 형태대로 진행됩니다. 우리 부부는 서로 깊이 사랑했고 서로 열린 대화가 가능했던 상태였지요. 그래서 그 위기는 우리를 서로 밀착시켰던 겁니다. 우리는 하나 되었고 서로를 신뢰했습니다. 클라우디아의 병이라는 위기는 단지 이미 존재했던 감정들을 표면화시켰고 확대시켰던 것뿐입니다."

존의 견해에 의하면, 위기를 대비하는 최선의 방법은 건강할 때 강하고 든든한 삶을 사는 것이다. 정신적 고난과 육체적 고통은 단지 우리에게 하나의 문제를 경고해 줄 뿐이다. 그것은 병의 특성들이지 병 그 자체가 아니다.

만일 당신이 건강할 때 다른 사람을 의지하고 자신의 삶을 나누는 방식을 배운다면, 고통 가운데 있을 때 그것이 자연스러운 반응으로 나타날 것이다.

이에 대한 흔한 실례는 심리적으로 커다란 고통의 시기인 노년기를 대비하는 다양한 방법에서도 찾아볼 수 있다. 노년기에는 몸이 쇠약해진다. 전에는 할 수 있던 일을 더 이상 못하게 된다. 머리칼이 빠지고 주름살이 지고 피부색이 검어지며, 그 때문에 거울 앞에 서기가 싫어진다. 친구들이 하나둘 죽어 가고, 가족에게는 짐이 되며, 이제는 죽음을 기다리는 시기라고 생각하기 쉽다.

컬럼비아성서대학 총장인 르버트슨 맥퀼킨(J. Robertson McQuilkin)에게 한번은 이러한 시련에 당면한 나이 든 부인이 찾아왔다.

"로버트슨 씨, 왜 하나님은 우리를 늙고 쇠약하게 내버려두실까요? 왜 저는 이렇게 아파야 합니까?"

잠시 생각한 후에 그는 이렇게 대답했다.

"제 생각에는, 하나님은 청년의 힘과 미를 육체적인 것으로 계획하신 것 같습니다. 그러나 노년의 힘과 미는 영적인 것입니다. 우리는 일시적인 힘과 미를 점점 잃어버림으로써, 영원한 힘과 미에 집중하게 되는 것입니다. 그리고 우리의 일부가 시들어 감으로써 우리의 영원한 집을 진정으로 그리워하게 될 것입니다. 만일 우리가 계속 젊고 강하고 아름답다면, 우리는 떠나기를 결코 원하지 않을지 모릅니다.'"

생존하기 위하여 영혼은 살찌워져야 하며, 그럼으로써 우리는 몸을 초월하여 자유하게 되고, 궁극적으로 승리하게 될 것이다. 기독교 신앙은 항상 몸에 자원을 공급하는 것이 아니다. 브라이언 스턴버그도, 조니 에릭슨도 수천 번의 기도에도 불구하고 치유되지 못했다. 그러나 하나님은 영혼에 초자연적인 힘을 공급해 주겠다고 약속하신다. 우리에게 기대고 의지할 다른 아무것도 없을 때, 심지어 우리 자신에게조차 기댈 수 없을 때에도 하나님은 여전히 거기 계신다.

예수님은 제자들에게 새로운 인생관, 즉 몸이 아니라 영혼을 중시하는 인생관을 강조하시며 "너희의 몸만을 죽일 수 있는 자들을 두려워 말라. 그들은 너희의 영혼을 죽이지 못한다"라고 말씀하셨다(마 10:28). 이 주제를 포착한 바울은 이렇게 썼다.

> "나는 양쪽에 사로잡혀 있습니다. 나는 이 생을 떠나서 그리스도와 함께 있기를 심히 원하며, 그 편이 훨씬 더 좋습니다. 그러나 여러분을 위하여는 내가 살아남아 있는 것이 훨씬 더 중요합니다"(빌 1:23-24, TEV, 역자 직역).

존 폭스(John Foxe)의 『기독교 순교사화』는 고난을 통해 관심을 끌려 했던 사람들에 관한 신기한 이야기책으로 유명하다. 그러나 그 책을 주의 깊게 읽는 사람이라면 틀림없이 "순교자의 피는 교회의 씨앗"이라는 문구에 담긴 진리에 감동을 받을 것이다. 기독교 신앙으로 새로운 사상이 세상에 들어왔다. 우리의 몸은 영원한 영혼이 거하는 처소이며, 따라서 모든 그난은 단지 우리의 일부만을 상하는 일시적인 재난이라는 것이다.

폭스는 성도들이 입술에 찬양 소리를 담고 견뎠던 무시무시하고 믿기 어려운 고난의 이야기들을 기록하고 있다. 그것들은 몸을 극복한 영혼의 승리를 기념하고 있다.

고통은 단순한 하나의 신체 현상이 아니다. 두려움과 무력감이라는 태도가 고통의 양에 영향을 미친다. 최소한 우리는 인간의 영혼이 최악의 환경을 극복하고 높이 오를 수 있음을 증명해 준 사람들의 감동적인 사례들을 갖고 있다. 인간은 몸과 영혼으로 된 존재이기 때문에, 기독교는 치유를 가져오는 참된 소망을 제공할 수 있는 것이다.

나는 그리스도인이
고난에서 해방되리라고 생각해 본 적이
결코 없었다.
우리 주님도 고난을 겪으셨기 때문이다.
그리고 나는 그분이 우리를
고난에서 구원하시기 위해서가 아니라,
우리에게 어떻게 고난을 견딜 수 있는지를
가르쳐 주시기 위해
고난당하셨다고 믿게 되었다.
고난이 없는 삶은 존재하지 않는다는 것을
그분은 아셨기 때문이다.

- 앨런 페튼(Alan Paton), 『울어라, 사랑하는 나라여』(*Cry, the Beloved Country*)

13

결코
혼자가 아닌
고통의 순간들

기독교는 고난의 문제를 안고 투쟁하는 사람들에게 당황스럽고 역설적인 하나의 진리를 제공해 준다. 어떤 사람들은 고난이 주는 교훈을 분명히 놓쳐 버렸다.

그러면 여기서 한 이주민 농사꾼 어머니의 입에서 나오는 열변을 들어 보라(로버트 코울즈[Robert Coles]가 『이주민, 소작인 그리고 산지인들』에 기록한 것을 그대로 옮긴 것이다).

작년에 우리는 뉴저지에 있는 한 작은 교회에 갔었습니다. … 우리 애들을 갓난아이까지 모두 다 데리고 갔었죠. 잭슨 목사가 그곳에 있더군요. 그의 이름은 잊지 못합니다. 그는 우리에게 조용하라고 말하고는, 우리나라는 '하나님을 믿지 않는 나라'가 아닌 기독교 국가이기 때문에 우리가 이 나라에 살고 있는 것을 얼마나 감사해야 하는지 모른다고 했어요.

그러자 내 남편은 참지 못하고 분노를 터뜨렸습니다. 무슨 자극을 받은 것이 분명합니다. 그는 자리에서 일어나 "그렇습니다, 목사님" 하고 소리치기 시작했죠. 그는 잭슨 목사에게 다가가서 입 닥치고 다시는 절대 말하지 말라고 했습니다. 우리 같은 이주민에게는 말하지 말라고 말입니다. 그는 목사에게 당신의 교회가 어디 붙어 있든지 거기로 돌아가서 우리를 내버려두고, 거기 그렇게 서서 우리에게 무슨 은혜라도 베풀어 주는 척하지 말라고 말했습니다.

그러고는 그가 할 수 있는 가장 나쁜 일을 했습니다. 그는 우리 아기 애니를 안아서 그 목사의 얼굴 앞으로 바싹 들어 올리고는 (저는 이때까지 그렇게 한 사람을 한 번도 보지 못했습니다) 목사를 향해 고래고래 소리를 치는 것이었죠. 난 그가 무슨 말을 했는지 확실하게 기억은 안 나지만, 하여튼 이런 말을 했죠.

"우리 갓난아이 애니가 있소. 그런데 한 번도 의사에게 가지 못했지. 아이는 병이 났는데…. 그러나 우리에겐 돈이 없소. 애니나 다른 아이들이나 우리에게 필요한 돈이 없다고."

그러고 나서 그는 애니를 쳐들었습니다. 아이는 목사 키보다 더 높이 올라갔죠. 그러고는 왜 어서 애니를 위해 기도해 주지 않느냐고 했습니다. 그리고 다른 농작물 소유주들이 우리에게 그리고 모든 이주민에게 하고 있는 짓을 벌해 달라고 하나님께 기도해 주지 그러냐고 말했습니다. … 내 남편은 하나님이 다른 사람들은 모두 다 그렇게 잘 돌봐 주시면서 우리는 관심도 없이 놔두시냐고 큰 소리로 외쳐 대기 시작했습니다.

그때 그 목사가 답변을 했죠. 그런데 그것이 그의 실수였어요. 네, 정말 실수를 한 겁니다. 그는 말했습니다. 하나님은 그 지배자들이 지구 위에서 어떻게 행동하느냐 또는 우리가 어떻게 살아가느냐 하는 데 참견하려 하지 않으시니까 우리는 조심해야 하고 하나님을 비난하거나 그런 식으로 불평해서는 안 된다는 것이었습니다.

"하나님은 여러분의 미래를 염려하고 계십니다."

이것이 그가 한 말이었죠. 그러니 내 남편은 이젠 가슴이 터질 지경이 되었죠.

그는 목사에게 한 열 번은 소리 질렀습니다. "미래! 미래! 미래!"라고요. 그리고 애니를 들어서 목사의 얼굴 앞에 떠다밀고는(그때 애니는, 그 불쌍한 것이 그만 울기 시작했죠) 목사에게 애니의 '미래'를 물었죠. 만일 당신이 우리처럼 살아야 하고 우리 같은 '미래'를 갖고 있다면 어떻게 하겠느냐고요.

그리고 그는 목사도 우리와 다를 게 없다, 우리한테서 돈을 버는 사람이라고 말하고는, 애니를 십자가 바로 앞까지 최고로 높이 들어 올려 하나님께 달했습니다. 하나님은 목사들에게 하나님을 대신해서 말하게 하는 것을 그만두시는 편이 좋겠고, 하나님 자신이 오셔서 친히 우리를 돌보셔야지 목사 같은 것들로 하여금(남편은 '목사들'이란 말을 자꾸 되풀이했습니다) 하나님 대신으로 말하게 해선 안 된다고 했습니다.

그 '목사들'에 대한 얘기를 끝낸 다음 남편은 모든 말을 마치고 우리가 있는 데로 돌아왔고, 교회 안은 쥐 죽은 듯 아무 소리도 들리지 않았습니다. 예, 아무 소리도 들을 수 없었죠. 그때 어떤 두 사람이 그가 옳다고 외쳤죠. … 그리고 모두들 박수를 했고 나는 이거야말로 정말 재미있다고 느꼈어요.[1]

이 이주민 가정은 고통과 고난의 딜레마를 매우 잘 요약해 주고 있다. 왜 하나님은 병든 자식과 무일푼과 소망 없는 세상을 허용하시는가? 그들의 문제는 추상적이거나 관념적인 것이 아니다. 그것은 인간적이다. 그들의 아이 애니가 아프다. 그런데 그들에겐 아무 해결책이 없다. 하나님은 관심이 있으신 걸까?

나는 이 농사꾼 가족에게 그들의 딜레마에 대한 해답을 주고 싶지만 그렇게 할 수 없다. 그들에게는 형편에 대한 해결책이 필요한 것이지 정신적인 해답이 필요한 것은 아니다. 누군가가 진정한 사랑을 가지고 그들의 필요에 반응하지 않으면 해결되지 않는 것이다.

그러나 내가 말할 수 있는 것은, 그 화난 농사꾼이 한 가지 면에서 완전히 잘못되었다는 점이다. 그는 자기 아이를 목사의 얼굴 앞에, 십자가 있는 데로 들어 올리고서, 하나님이 내려오셔서 직접 이 세상이 어떻게 돌아가는지를 보시라고 요구했다. 하나님이 목사를 두고 자신을 대신해서 말하게 하시는 것으로는 충분치 않다고 말했다.

그러나 … 하나님은 오셨다. 그분은 인류 가운데로 들어오셨으며, 몸소 이 세상이 어떠한지를 보고 느끼셨다. 예수님은 당신과 내가 갖고 있는 몸과 똑같은 몸을 입으셨다. 그분의 신경 섬유질은 전자 장치가 아니었다. 그분은 혹사당했을 때 고통으로 소리치셨다. 그리고 예수님은 분명히 역사상 그 누구보다 가혹하게 혹사당하셨다.

이 역사적 사실이 그통받는 자들의 두려움과 무력감에 커다란 영향을 줄 수 있는 것이다. 이는 우리가 고통에 대처하는 데 도움을 준다.

왕이 될 뻔한 사람

정신을 가다듬고, 잠시 예수님의 생애에 대해 알고 있는 바를 생각해 보라. 성경은 사람이 알고 있는 유혹 중에 예수님이 체험하지 않으신 것이 없다고 말한다. 예수님은 외로우셨고, 피곤하셨고, 배고프셨고, 몸소 사탄의 공격을 받으셨으며, 찰거머리같이 피를 빨아먹는 숭배자들에게 에워싸인 채 세력 있는 적들에게 박해를 받으셨다.

예수님은 자기 자신의 출생을 계획할 수 있는 역사상 유일한 인물이셨다. 그분은 완전한 하늘의 몸을 피와 근육과 연골 조직으로 된 연약한 몸과 바꾸심으로써 자신을 낮추셨다.

그분이 처음 사역을 시작하셨을 때, 사람들은 이렇게 야유했다.

"나사렛에서 무슨 좋은 것이 날 수 있겠느냐?"

예부터 내려오는 인종적 야유였다.

"예수, 저 촌놈, 나사렛에서 온 시골뜨기."

과연 예수님은 어떤 모습이었을까? 성경 전체에서 그분을 신체적으로 묘사하는 곳은 단 한 군데뿐이다. 선지자 이사야가 기록한 것이다.

"그에게는 아름다움도, 우리의 눈을 끄는 위엄도, 우리가 즐거워할 만한 우아함도 없었다"(사 53:2, NEB, 역자 직역).

이웃들은 예수님을 마을에서 내쫓았으며 그분을 죽이려고까지 했다. 친구들은 그분이 온전한 정신을 가졌는지 의심했다. 당대의 권위자나 종교 지도자들은 그분을 믿지 않노라고 자랑스럽게 말했다. 그분을 따라다닌 사람들은 어부와 농부들로 구성된 무리로서, 앞의 이주민 농사꾼이나 그런 무리 속에서 편안함을 느꼈을 사람들이었다.

예수님이 내놓으신 약속들은 그 시대에 살았던 사람들에게는 특히 무의미해 보였다. 마지막에, 그분은 의아해하는 로마의 총독 빌라도 앞에 서 계셨다. 밖에서는 큰 무리가 "그를 죽여라! 그를 죽여라!" 하고 고함지르고 있었다. 그렇게 많은 사람을 고쳐 주었던 이 사람은 자신을 구원하려 하지 않았다. 이 사람이 왕이라니? 그런 왕이 있다면 가짜 왕일 것이다. 누군가가 그분의 몸에 멋진 자줏빛 의복을 던져 걸었지만, 빌라도의 매질 때문에 흘러나온 피가 그분의 등과 다리를 타고 내려와 그 의복에 엉기었다.

설마, 이 사람이 하나님이라고? 그분을 사랑했고 3년 동안 그분을 따라다녔던 제자들까지도 그 생각이 희미해졌다. 그들은 그 가짜 왕과 한패로 취급당할 것이 두려워 군중 속으로 꽁무니를 뺐다. 세상에 있는 고통과 고난을 쫓아낼 수 있는 한 강력한 통치자에 대한 그들의 꿈은 악몽으로 변했다.

그 장면, 예리한 못질과 피비린내 나는 죽음과 그리고 십자가가 땅에 박히던 순간의 쿵 하는 흔들림. 경마용 말이나 새끼 물개의 사망 소식에도 움찔하는 우리가, 이 이야기는 하도 많이 들어서 그 장면을 다시 이야기하면 꿈쩍도 안 한다. 그것은 피비린내 나는 죽음이었고, 우리가 아는 오늘날의 빠르고 간조로운 처형 방식 곧 가스실, 전기의자, 교수형과는 전혀 다른 처형이었다. 이 처형은 조롱하는 군중 앞에서 여러 시간 동안 계속되었다.

예수님의 인간성과 그분이 감당하신 짐은 고통의 절정에서, 기도를 가르쳤던 선생이 자신의 기도가 응답되지 않는 것을 깨달았을 때 와르르 무너져 내렸다. 인간에게서 버림받은 그분은 하나님에게서도 버림받은 자신을 발견하고 "나의 하나님, 나의 하나님, 어찌하여 나를 버리셨나이까?"라고 외치셨다. 마치 지구가 흔들리는 것 같은 외침이었다. 땅이 흔들리고, 바위들이 산산이 부서지고, 무덤은 죽은 지 오랜 시체들을 쏟아 내었으며, 태양은 세 시간 동안 가려졌다. 믿을 수 없게도, 우주의 창조자는 어떤 전능한 절대 군주라도 정상적으로는 체험할 수 없는 마지막 한 가지 인간의 특성인 용기를 나타내 보이셨다. 그분의 영혼은 극한 상황을 통과했으나 파괴되지 않았다.

예수님의 죽음은 기독교 신앙의 초석이요, 그분의 오심에 있어 가장 중요한 사실이다. 당신은 예수님의 죽음을 대면하지 않고는 그분을 따를 수 없다. 복음서는 그 사건의 세부적인 사실들로 가득하다.

예수님은 그분의 사역 전반을 통하여 자신의 죽음에 관한 암시들과 예언들을 내어놓으셨으나, 그 예언들은 사건이 발생한 후에야 그리고 제자들에게는 꿈이 산산조각 난 듯이 보였던 때에야 비로소 이해가 되었다. 그분의 생애는 너무 빨리 낭비된 것처럼 보였다. 바로 전날 밤에 예수님이 하신 승리의 말씀은 그분이 십자가 위에서 신음하며 고통으로 경련하시는 모습을 본 제자들의 기억 속에 잔인하게 따라붙었을 것이다.

더 이상 외롭지 않네

십자가 사건에 기초한 종교로부터 과연 고통과 고난의 문제에 기여할 어떤 진리가 나올 수 있을까? 하나님 자신이 고통에 굴복하셨는데 말이다.

나는 한 가지 진리를 생각할 수 있다. 우리는 버려지지 않았다는 사실 말이다. 병든 자식을 가진 그 농사꾼, 백혈병으로 온 몸이 퉁퉁 부어 있는 여섯 살짜리 아이, 유바시에 있는 애통하는 가족들, 루이지애나에 있는 한센병 환자들. 그 누구도 홀로 고통당할 필요가 없다. 왜냐하면 하나님이 오셨으며, 그분은 충분히 이해하고 계시기 때문이다.

예수님이 세상에 남겨 주신 상(像), 기독교의 가장 흔한 상인 십자가는 하나님이 우리의 고통과 고난을 돌아보신다는 증거가 된다. 그분은 받은 고통으로 인해 돌아가셨다. 오늘날 그 상은 금이 입혀져 여인들의 목에 걸려 있는데, 이는 우리가 역사적 사실에서 얼마나 멀리 벗어나 버렸는지를 상징적으로 나타낸다. 그럼에도 그 십자가는 여전히 세상의 모든 종교 가운데 독특하게 우뚝 서 있다.

세상의 많은 종교가 신들을 갖고 있다. 그러나 그중에 단 한 종교만이 인간이 되어 죽기까지 인간에게 관심을 가지신 신을 갖고 있다.

도로시 세이어즈(Dorothy Sayers)는 이같이 말한다.

> 어떤 이유에서 하나님이 인간을 이런 모습, 한계가 있는 피조물, 타락으로 인해 고통과 슬픔을 당할 존재가 되게 하셨든지 간에 그분은 자신의 쓴 약을 먹을 정직함과 용기를 가지셨다. 그분이 그분의 창조물을 갖고 어떤 게임을 하고 계시든 간에, 그분은 자신의 규칙을 지키셨고 공정한 게임을 벌이셨다. 그분이 인간에게 강요하실 수 있는 것이 있다면, 그분이 먼저 자신에게 강요하신 것이 아니면 안 되었다.
>
> 그분은 가정생활의 사소한 마찰들과, 과로한 노동의 견딜 수 없이 조여 오는 속박들과, 돈이 없는 것에서부터, 두려움과 수치, 패배, 절망 그리고 죽음이라는 가장 무서운 것에 이르기까지 자신이 직접 이 모든 것을 겪어 보셨다. 그분이 한 인간이 되셨을 때, 그분은 인간의 역할을 맡아서 하셨다. 그분은 가난한 데서 태어나셨으며, 멸시 가운데 돌아가셨고, 그렇게 하는 것을 참으로 가치 있게 여기셨다.[2]

어떤 이들에게 어두운 밤 희미하게 빛나는 창백한 시체의 형상은 패배를 의미할 것이다.

"자기 아들의 고난도 조절하지 못하시는 하나님이 대체 무슨 소용이 있는가? 그런 하나님이 과연 우리를 위해서 무슨 좋은 일을 하실 수 있겠는가?"

그러나 그보다 더 큰 소리를 우리는 들을 수 있다. "나는 너를 사랑한다"고 외치시는 하나님의 음성이다. 사랑은 저 외로운, 피 흐르는 형상 안에 전 역사적으로 압축되었다. 어느 때라도 천사들을 불러내어 참혹한 데서 자신을 건질 수 있다고 말씀하신 그 예수께서, 그렇게 하지 않기를 택하셨다. 우리를 위해서였다. 하나님은 우리를 너무도 사랑하셔서 우리를 위해 죽으시도록 그 독생자를 보내셨다.

몸소 자기에게 십자가를 지우심으로, 예수님은 어떤 의미에서 고통에 가치를 부여하셨다. 그분이 사실 수 있는 모든 종류의 삶 가운데서 그분은 고통의 삶을 택하셨다. 예수님 때문에, 나는 어떤 사람을 놓고 "저 사람은 분명히 어떤 죄를 범했기에 고난을 당하고 있는 것이다"라는 말을 절대로 할 수 없다. 죄를 짓지 않으신 예수님도 고통을 느끼셨다.

그리고 나는 "고난과 죽음은 하나님이 우리를 버리셨다는 의미가 분명하다. 그분은 우리를 고통 가운데 홀로 남겨 두셨다"라는 말도 할 수 없다. 왜냐하면 예수님이 죽으셨을지라도 그분의 죽음은 인간과 하나님을 한데 묶어 주는 역사의 대승리가 되었기 때문이다. 저 끔찍한 날에서 하나님은 최고의 선을 만들어 내신 것이다.

예수님을 따르는 이들은, 예수님도 그러하셨듯이 이 세상의 재난으로부터 단절되어 있지 않다. 하나님은 결코 토네이도가 이교도인 이웃집을 지나가는 길에 우리 집만은 넘어갈 것이라고 약속하지 않으셨다. 바이러스는 그리스도인의 몸을 피해 도망가지 않는다. 오히려 베드로는 고난 중에 있는 그리스도인들에게 이같이 말했다.

"이 고난은 모두가 하나님께서 여러분에게 주신 일의 일부인 것입니다. 여러분을 위해 고난받으신 그리스도가 여러분의 모본이십니다. 그분의 발자취를 따르십시오"(벧전 2:21, 리빙 바이블, 역자 직역).

여기서 다루지는 않겠지만, 성경은 더 나아가 "예수의 고난에 참여하는 자"라거나 "예수의 고난을 온전히 이루라"는 구절들을 씀으로써, 고난이란 어떤 값을 치르더라도 떨어 버려야 하는 어떤 것이 아니라 우리를 좀 더 하나님을 닮은 자들로 만들어 주는 은혜의 방편임을 말해 주고 있다.

예수님의 회상물

그러면 그리스도가 자신을 우리와 동일시하신 사건이 실제로 고통받는 사람에게 어떤 실질적인 효과를 가져다주는가?

이 진리의 효과에 대한 하나의 극적인 실례는 폴 브랜드 박사가 인도의 벨로어에서 한센병 환자들을 위해 일하던 중 그의 사역 가운데서 나타났다. 그곳에서 그는 자신이 가장 잘 알고 가장 좋아하는 설교[3] 한 편을 전했다.

널찍한 마당에 돗자리를 깔고 환자들이 모여 앉아 있는데 브랜드 박사가 뒤늦게 살짝 끼어들었다. 북적이는 인파와 가난, 곰팡내, 붕대 냄새로 뒤섞인 공기는 매우 탁했다. 환자들은 브랜드 박사에게 몇 마디 말을 해달라고 졸랐고 그는 마지못해 승낙했다. 그는 잠시 무슨 말을 해야 할지 생각이 나지 않아 환자들을 바라보며 서 있었다. 그의 시선은 그들의 손으로 이끌렸다.

대부분 안으로 오그라든 갈고리 손이었고, 어떤 손들은 손가락이 전혀 없거나 자리만 몇 개 남아 있었다. 손을 깔고 앉아 있는 환자들이 많았고 아니면 다른 방법으로 손을 보이지 않게 가리고 있었다.

브랜드 박사는 "나는 손을 보는 의사입니다"라는 말로 이야기를 시작하면서 이 얘기가 타밀어와 힌디어로 통역되기를 기다렸다.

"그래서 나는 사람들을 만나면 그들의 손을 보지 않을 수 없습니다. 손금쟁이들은 여러분의 손을 보고 여러분의 미래를 말해 줄 수 있다고 주장하지요. 나는 여러분의 과거를 알아맞힐 수 있답니다. 예를 들면, 못이 박인 자리와 손톱 모양을 보고 여러분의 직업이 무엇이었는지를 말할 수 있답니다. 또 여러분의 성격에 대해서도 많이 알아맞힐 수가 있지요. 나는 손을 좋아합니다."

그는 말을 멈추고 진지한 얼굴들을 바라보았다.

"나는 그리스도를 만나서 그분의 손을 좀 더 자세히 살펴볼 수 있다면 얼마나 좋을까 하고 생각했어요! 그렇지만 그분이 어떤 분이셨는지를 알기 때문에, 나는 그분의 손을 거의 상상할 수 있고 만져 볼 수가 있지요."

그는 다시 말을 멈추고 그리스도를 만나서 그분의 손을 살펴보는 것은 과연 어떨까를 생각하면서 큰 소리로 말을 계속했다.

브랜드 박사는 먼저 자그맣고, 힘도 없고, 아무것도 잡을 수 없었던 아기였을 때부터 시작해서 그리스도의 손을 더듬어 갔다. 그다음에는 붓을 서투르게 쥐고서 글자를 만들려고 애쓰던 소년 예수님의 손을 생각했다. 이어서 목수 예수님의 손, 즉 톱과 망치로 일을 해서 생긴 상처들과 갈라진 손톱이 보이는 거칠고 마디진 손이 보였다.

그다음에는 병을 고치시는 의사 예수님의 손을 떠올렸다. 사랑과 감수성이 그 손에서 발산되는 듯한, 그렇기 때문에 그분이 사람들을 만지실 때 그들이 하늘의 영이 지나가는 듯한 어떤 느낌마저 느낄 수 있었던 손. 그 손으로 그리스도는 눈먼 자와 병든 자와 도움이 필요한 사람들을 만져 주셨다.

"그럼 이번에는…" 하고 브랜드 박사는 말을 계속했다.

"십자가에 못 박히신 그분의 손을 보십시다. 나는 내 손 한가운데를 못이 뚫고 지나간다는 생각만 해도 아픕니다. 왜냐하면 나는 거기에서 무슨 일이 일어날지, 힘줄과 신경과 혈관과 근육에 막대한 혼란이 있을 것을 알기 때문이죠. 손에 영구적 장애를 입히지 않고는 그 가운데를 못이 뚫고 지나갈 수는 없는 것입니다.

병을 고치시던 그 손이 영구적 장애를 입은 것을 생각할 때 나는 그리스도가 어떠한 고난을 겪으셔야 했는지를 절감하게 됩니다. 그 고난의 행위로써 그분은 자신을 세상의 모든 장애인과 동일시하셨던 것입니다. 가난한 사람들과 함께 빈궁을 견디시고 지친 사람들과 함께 피곤함을 견디실 수 있었을 뿐만 아니라, 또한 그분은 장애인들과 함께 갈고리 손도 견디실 수 있었던 것입니다."

귀를 기울이고 있는 환자들, 사회적으로 버림받은 그들 모두에게 던져진 효과는 전기가 통하는 듯한 놀라움이었다. 예수님이 … 그들처럼 갈고리 손을 가진 장애인이라니?

브랜드 박사는 계속했다.

"그다음에는 그분의 부활하신 손이 있었습니다. 내가 가장 놀랍다고 느낀 한 가지 사실은 이것입니다. 우리는 미래의 삶을 아주 완전한 것으로 생각합니다만 그리스도가 제자들에게 나타나셨을 때 이렇게 말씀하셨지요. '와서 내 손을 보라.' 그리고 도마를 불러서 그의 손가락을 못 자국에 넣어 보라고 하셨습니다.

왜 그분은 인간으로서 당하신 상처를 그대로 갖기 원하셨을까요? 그것은 그분이 땅에 있는 사람들의 고난을 생각나게 해줄 영원한 회상물을 갖고 가고 싶어 하셨기 때문이 아닐까요? 그분은 고통받는 사람들의 필요를 계속 이해할 수 있도록 고난의 표적을 갖고 가셨습니다. 그분은 영원토록 우리와 하나가 되기를 원하셨던 것입니다."

브랜드 박사가 말을 마쳤을 때, 그는 다시 한센병 환자들의 손을 보았다. 이번에는 그 손들이 인도인의 존경의 표시인 나마스테(Namaste)로, 두 손바닥이 마주 합쳐져서 마당 위로 모두 높이 치켜올려져 있었다.

그 손들은 아까와 똑같이 뭉뚝한 손, 똑같이 잃어버린 손가락에 오그라든 모양이었다. 그러나 아무도 그것을 감추려 하지 않았다. 그 손들은 얼굴 가까이, 브랜드 박사를 존경하는 표시로서 그러나 또한 새로운 자존심과 위엄을 갖고 높이 들려져 있었다. 고난에 대한 하나님의 반응이 그들의 고난을 수월하게 만들었던 것이다.

T. S. 엘리어트(T. S. Eliot)는 그의 시, "네 개의 사중주" 가운데 하나에서 이렇게 썼다.

상처 입은 의사의 손은 바쁘다
아픈 데를 살피는 일로
피 흘러내리는 그 손 밑에서
우리는 느낀다
체온 기록지의 수수께끼를 풀어 주는
치유자의 깊은 사랑을.[4]

나는 상처 입은 사람에게
느낌이 어떠냐고 묻지 않는다.
나 스스로 상처 입은 사람이 되어 본다.

- 월트 휘트먼(Walt Whitman)

14

실수투성이 인간을 끝까지 믿는 믿음

예수님의 이 땅에서의 사명은 그분의 생애, 죽으심 그리고 부활만으로 완성되지 않았다. "내가 나의 교회를 세우리니 음부의 권세가 그것을 이기지 못하리라"라고 그분은 선포하셨다(마 16:18).

그리스도는 눈에 보이지 않는 머리요, 우리 모두는 그 몸의 지체라고 바울은 말했다. 우리는 유기적으로 교회의 나머지 부분과 연결되어 있다. 우리 몸 안에 있는 수억의 각 세포처럼 우리 각자는 그리스도의 몸 전체의 건강과 생존에 영향을 미칠 수 있는 존재들이다.

이 비유가 함축하고 있는 의미들은 무엇일까? 그리스도의 몸은 고통망과 어떤 유사성이 있을까?

함께 나누는 고통

모든 그리스도인에게 주 되신 그리스도의 개념은 친숙하다. 우리는 어떻게 그분이 몸의 머리로서 세상에 있는 교회를 지도하시는지 잘 알고 있다. 그러나 우리는 이 비유의 또 다른 면(주님이 머리이시기 때문에 받는 제한들)을 간과해 온 것은 아닐까?

몸 전체가 아니라 눈에 보이지 않는 머리가 되기를 선택하심으로써, 예수님은 어떤 면으로는 몸의 종이 되신 것이다. 심지어 지상에서 사시는 동안에도 예수님은 우리를 준비시키고 계셨다. 그분이 즐겁게 하신 역할은 무엇이었을까? 그것은 초자연적인 행위들을 수행하는 자로서의 역할이 아니었다.

나는 때로는 마지못해하시면서 '소문나지 않게' 기적을 행하시던 예수님을 언급한 바 있다. 그러나 누가복음 10장은 예수님을 흥분시킨 명백한 상황을 기록하고 있다. 먼저 예수님은 70명의 제자들을 인근 마을로 보내 놓고 기다리셨다. 그들이 돌아와서 귀신을 쫓아낸 것과 같은 성공담을 보고했을 때, 예수님은 기뻐하시며 마음에서 우러나는 찬양을 드리셨다. 그분은 충심으로 기뻐셨던 것이다.

예수님은 직접 그 일을 하지 않으시고 70명에게 지시하신 다음 그들을 보내셨다. 그 시도는 성공했고, 그것은 경험 부족인 제자들에 의해서도 기적이 수행될 수 있음을 증명한 사례였다.

예수님의 계획은 복음의 메시지를 흠 많고 실수투성이인 인간들의 손에 남겨 주시려는 것이었다. 그분은 교회의 머리로서만 자신을 제한하셨던 것이다. 즉 팔, 다리, 귀, 눈 그리고 목소리 등은 온전치 못한 제자들…, 그리고 당신과 나에게 남겨 주셨다.

큰 몸의 머리로서 일하시겠다는 예수님의 결정은 고난에 대한 우리의 견해에 영향을 미친다. 그분은 우리가 서로 도와 가면서 고난에 대처하도록 우리를 사용하겠다고 하신다. 어떤 면에서 보면 고통은 아무도 도와줄 수 없는 개인적인 투쟁이다. 그러나 한 몸이라는 개념이 주는 의미는 그 몸 안에서 개개인의 고통이 서로의 관심 대상이 되고, 치료되며, 혹은 치유될 수도 있음을 뜻한다.

신체적인 고통은 그 효과가 대단한데, 이는 그 고통이 몸으로 하여금 다른 활동들을 중단하고 그 고통의 원인에 집중하도록 만들기 때문이다. 만일 어떤 농구 선수가 발목을 삐었다면, 그는 경기장을 떠나서 나을 때까지 치료를 받아야 한다.

마찬가지로 그리스도의 몸의 지체인 우리는 나머지 부분의 고통을 보살피는 법을 배워야 한다. 세상이 우리의 노력 없이는 복음을 들을 수 없는 것처럼, 우리가 관심을 집중하고 치유의 대행자로서의 역할을 감당할 때 온전한 몸이 되는 것이다. 폴 브랜드 박사는 이 개념을 자신의 개인 철학의 중요한 부분으로 발전시켰다.

개개의 세포들은 효과적인 다세포 기관들이 생산되어 존속하기까지 개인 행동을 포기하고 서로 고통을 나누는 법을 배워야만 했다. 동일한 설계자께서는 새롭고 더 높은 목적을 염두에 두시고 인류를 창조해 내셨다. 개인 속에 있는 세포들이 서로 협동할 뿐 아니라 인종 가운데 있는 개개인들도 이제는 더 나아가 공동체적 책임의 새로운 수준으로, 서로 간의 그리고 하나님과의 새로운 관계에까지 이르도록 하셨다.

몸 안에서와 같이 이 새로운 관계 안에서도 역시 성공의 열쇠는 고통의 감각에 달려 있다. 우리 모두는 인간의 몸의 조화 있는 활동을 보고 즐거워한다. 그러나 인간 서로 간의 관계를 볼 때 우리는 슬퍼할 수밖에 없다. 인간 사회 안에서, 우리는 충분히 고통스럽지 않기 때문에 고통을 겪고 있는 것이다.

세상 가운데 있는 고통의 대부분은 단지 바로 옆에 있는 기관이 고통받을 때 관심을 갖지 않는 주변 기관의 이기주의 때문이다. 만일 하나의 세포나 세포들의 모임이 그 옆의 세포를 희생시키면서까지 성장하고 번성할 때, 우리는 그것을 암이라 부르며, 만일 그 암이 몸에 퍼지는 것을 허용할 때는 몸이 끝장난다는 것을 의식한다. 그러나 암에 걸리지 않는 유일한 방도는 모든 세포가 몸, 즉 머리에 완전히 충성하는 것이다.

하나님은 오늘날 우리가 더 낮은 창조물로부터 배워서 더 높은 수준에까지 나아가며, 세상의 구원을 위해 그분이 준비하고 계시는 이 공동체 안에 참여하도록 우리를 부르고 계신다.[1]

외침과 속삭임들

고통 체계처럼 우리 몸을 연합시켜 주는 것은 없다. 세균에 감염된 발톱 하나가 "발톱은 중요하다. 그것은 내 것이다. 그것은 주의를 요한다"고 내게 선포한다. 만일 당신이 내 발가락을 밟는다면, 나는 "그건 나요!"라고 소리칠지 모른다. 당신의 발이 그 순간 하나의 고통 각각 세포 위에 올라가 있기 때문에 나는 그것이 나인지를 아는 것이다. 즉 고통에 의해서 내가 누구인지가 규정된다는 말이다.

이리는 추운 겨울 동안 자기 뒷다리가 무감각해지면 그것을 먹어 버린다고 한다. 무감각이 몸의 연합을 방해해 다리가 그들의 일부분임을 더 이상 감지하지 못하게 하는 것이다.

고통의 비명 소리들이 언제나 아주 멀리에 있지만은 않다. 각 교회와 직장 내에도 더러 있다. 실직자, 이혼당한 사람, 남편이나 아내를 잃은 사람들, 몸져 누워 있는 자들, 노인들. 우리는 그들의 소리를 귀 기울여 듣고 있는가?

교회는 세기를 통해 그리스도의 몸으로서 평범한 일을 수행해 온 것이 사실이다. 때로는 자멸하는 듯 보인 적도 있다(종교 재판, 종교 전쟁들로 인해). 그러나 그리스도는 여전히 인간의 자유에 모든 것을 맡기시며, 우리가 성령님에게서 능력을 받아 그분의 뜻을 나타내기를 믿고 기대하고 계신다.

몸에 충성하는 것을 잘 이해하고 있는 한 사람의 말을 들어 보라.

"누가 실수하면 내가 그의 슬픔을 느끼지 않겠습니까? 누가 넘어지면 내가 그를 도와주고 싶지 않겠습니까? 누가 영적으로 상처를 받으면 내가 그를 상해한 사람에게 분노하지 않겠습니까?"(고후 11:29, 리빙 바이블, 역자 직역)

이런 말씀도 있다.

"고통받는 자들을 생각하되 그들과 고통을 함께하듯이 하십시오"(히 13:3, 필립스, 역자 직역).

다음과 같이 말한 사람도 있다.

교회는 전 세계적이요, 전 우주적이며, 따라서 교회의 모든 행사도 그러하다. 교회가 행하는 모든 것은 모든 이에게 속한 일이다. 교회가 한 아이에게 세례를 줄 때, 그 행위는 나와 관계된다. 왜냐하면 세례를 통해 그 아이는 나의 머리이신 그분의 몸에 연결되며, 내가 한 일원이 되어 있는 그 몸에 접목되기 때문이다. 또한 교회가 한 사람을 매장할 때, 그 행위는 나에게 관계된다. 모든 인류는 한 저자에 의해 쓰인 한 권의 책이다. 한 사람이 죽을 때 한 장이 그 책에서 찢겨 나가는 것이 아니라, 더 나은 언어로 번역되는 것이며, 모든 장이 그렇게 번역되어야 한다.

하나님은 몇 명의 번역자들을 두고 계시다. 어떤 작품들은 연령에 의해 번역되며, 얼마는 병에 의해서, 얼마는 전쟁에 의해, 또 얼마는 정의에 의해 번역된다. 그러나 하나님의 손길이 그 모든 번역 과정에 들어 있으며, 모든 책이 저 하늘의 서재에 놓일 날을 위해 그분의 손이 따로따로 흩어져 있는 우리 생의 한 장 한 장을 모두 다시 한데 묶을 것이다.

… 만일 어떤 사람이 보물을 금괴나 금덩이로만 만들어 갖고 다니고 전혀 현금으로 바꾸지 않는다면, 그의 보물은 그가 여행하는 동안 쓸 돈을 지불해 주지 않을 것이다. 환란은 그 성격상 보물이지만 사용 면에서는 현금이 되지 못하며, 단지 우리는 그것에 의해서 우리의 고향 천국에 더 가까이, 더 가까이 가게 될 뿐이다. 또 어떤 사람은 병들 수 있고 병으로 죽게 될 수도 있다. 이 역경은 마치 광산에 있는 금처럼 그의 내장 속에 들어 있어 그에게는 아무 소용이 없을 수도 있다. 그러나 그의 역경을 나에게 말해 주는 이 종소리가, 그 금을 파헤쳐 나에게 갖다줄 수도 있다. 만일 내가 다른 사람의 위험을 고려함으로 나 자신의 위험을 생각하게 되며, 그렇게 함으로써 우리의 유일한 보증 되시는 나의 하나님을 나의 의지로 삼아 나 자신을 보호한다면 말이다.[2]

"너희가 짐을 서로 지라"고 성경은 말한다(갈 6:2). 그것은 우리 모두가 동의할 수 있는 고난에 대한 한 가지 교훈이다. 우리 중에는 고통을 하나의 선물로 보지 않을 사람들도 있다. 어떤 이들은 고통을 허용하시는 하나님이 불공평하다고 비난할 것이다.

그러나 분명한 사실은 고통과 고난은 여기 우리 가운데 존재하고 있으며, 우리는 거기에 반응할 필요가 있다. 예수님이 보여 주신 반응은 자신이 만났던 사람들의 짐들을 지라는 것이었다. 그분의 몸, 그분의 감정적 체현으로서 세상 안에 살기 위하여 우리는 그분의 모본을 따라야 한다. 바울은 말한다.

"우리는 얼마나 놀라운 하나님을 모시고 있습니까? 그분은 … 우리의 고난과 시련 가운데 놀랍게도 우리를 위로하시며 우리에게 힘을 주십니다. 그런데 왜 그분은 이렇게 해주시는 것일까요? 그것은 그렇게 함으로 다른 사람들이 우리의 동정과 격려를 필요로 하며 시련을 받을 때 우리가 그들에게 하나님이 우리에게 주신 바로 그 도움과 위로를 전해 줄 수 있게 하시려는 것입니다. 우리가 그리스도를 위해 고난을 더 많이 겪으면 겪을수록 그분은 우리에게 그분의 위로와 격려를 더 많이 쏟아부어 주실 것을 여러분은 확신할 수 있습니다"(고후 1:3-5, 리빙 바이블, 역자 직역).

몸에 관한 이러한 계획은 세상 가운데서 하나님이 역사하시는 방법과 잘 맞아 들어간다. 때때로 하나님은 친히 개입하셔서 기적들을 행하시며, 자주 도움을 요하는 이들에게 초자연적인 힘을 주기도 하신다. 그러나 대개는 대행자들인 우리에게 의지하여 우리가 세상에서 그분의 일을 하도록 하신다. 우리는 그분의 말씀을 선포하며, 정의를 위해 일하며, 자비를 위해 기도하며 그리고 고통받는 자들과 함께 고통한다. 그렇게 함으로써 우리는 그리스도의 몸으로 인정될 것이며, 머리 되신 그분이 영광을 받으실 것이다.

Where is GOD when it hurts?

사람은 자기가 살아온
그 모습 그대로 죽는다.
죽음은 당신의 전부를 나타내 주는 표현이 되며,
당신은 당신의 생애 동안에 나타내 온 모습만을
죽음의 순간에 나타낼 수 있다.

- 마이클 로우머(Michael Roemer), 영화 "죽음 앞에서"(*Dying*) 감독

15

절대로 실수하지 않으시는 하나님

고통받는 사람들에게 기독교는 마지막 한 가지 진리, 모든 것 중에 가장 중요한 진리를 제공해 준다.

우리가 이미 살펴본 대로, 성경 전체의 역사와 문화와 인간 드라마는 확대경처럼 갈보리의 피비린내 나는 죽음에 초점을 맞추고 있다. 그것은 역사의 중심점이요, 기초석이다.

그러나 그것이 이야기의 끝은 아니다. 예수님은 십자가 위에 머물러 계시지 않았다. 어두운 무덤 속에 묻히신 후 사흘 만에, 그분은 다시 살아나셨다.

살아나셨다니! 그럴 수 있을까? 예수님의 제자들도 처음에는 믿지 못했으나 그분은 제자들에게 오셔서 자기의 새로운 몸을 만져 보게 하셨다.

그리스도는 우리에게 고통과 고난이 없는 내세의 가능성을 가져다 주셨다. 그렇다면 우리의 아픔은 모두 일시적인 것이다. 우리의 미래에는 고통이 없을 것이다.

오늘날 우리는 지상에서 행한 대로 상과 벌을 받게 될, 완전한 내세에 대해 이야기하기를 거북해한다. 내세란 어쩐지 이상하고 어리석어 보이며, 이 세상 문제들로부터의 '값싼 탈출구'처럼 보인다.

흑인 회교도들은 기독교의 장례 관습과 쌍벽을 이루는 한 가지 장례 관습을 갖고 있다. 시신이 안치되면 가까운 친구들과 가족이 관을 빙 둘러싸고 죽은 사람을 바라보며 조용히 서 있는다. 눈물이나 꽃이나 노래는 없다. 회교 수녀들이 작은 쟁반을 돌리면, 모두 다 그 쟁반에서 동글납작한 박하사탕을 하나씩 집는다. 정해진 신호에 맞춰 사람들은 그 사탕을 입 속에 집어넣는다. 천천히 사탕은 녹고, 그들은 그 달콤한 맛을 느끼면서 그들이 지금 기념하고 있는 사람과의 사랑스러웠던 추억들을 회상한다. 사탕이 다 녹아 없어진다. 여기에도 의미가 있다. 그것은 생명의 끝을 상징한다. 생명은 그렇게 녹아 없어져 버리고 아무것도 남지 않는다.

인간 속에 있는 그 무언가가 그러한 신앙에 대항하여 부르짖는다.

'영원'과 같은 낱말들은 어디서 온 것일까? 왜 사람을 죽이는 것은 살인이고 고양이를 죽이는 것은 아닐까? 악과 고난으로 점철된 이 세상이 인간의 최종 목적지라고 하는 회교도들, 유물론자들과 마르크스주의자들의 사상에 동의하는 것을 어떻게 숭고한 행위로 생각할 수 있을까?

그러한 관념은 최근에 나타난 것이다. 모든 원시 사회와 고대 문화 속에는 내세에 대한 정교한 신앙이 포함되어 있다. (그러한 신앙이 없었다면 고고학자들의 과업은 훨씬 더 힘들어졌을 것이다. 고대인들은 문화적 단서들을 편리한 대로 무덤 속에 매장했다.)

죽음 앞에서

이들과는 대조적으로, 그리스도인들은 모든 눈물이 씻기고 고난이 사라지게 될 세상을 고대하며 기다리고 있다. 우리는 색다른 수사법으로 내세를 그리고 있다. 황금 길과 진주 문. 이것들은 그것을 기록한 이들에게 풍성함을 상징했다.

천국이 어떤 곳이든 간에, 그것은 분명 이생의 많은 불편을 제거하고 새롭고 상상할 수 없는 즐거움들을 들여올 것이다. 우리는 지금 그 그림자들, 다시 말해서 여기서는 그렇게도 빨리 도망가 버리는 깊은 즐거움이 어느 날엔가 우리를 가득 채워 주리라는 꿈결 같은 갈망을 가지고 있다.

이러한 신앙이 죽어 가고 있는 사람에게 과연 어떠한 희망을 줄 수 있는지는, 1976년도 기록 영화 한 편에 잘 수록되어 있다.

제작자 겸 감독인 마이클 로우머(Michael Roemer)는 보스턴에서 기록 영화 "죽음 앞에서"를 촬영했다. 그는 종말에 다다른 암 환자들의 최후 몇 달을 필름에 담았다. 그중에서 특히 두 사람이 졀망과 희망의 양극단을 보여 준다.

33세의 해리어트(Harriet)와 빌(Bill)은 신경 쇠약과 싸운다. 두 아들과 함께 과부로 남게 될 자신의 미래에 대한 초조함 때문에 해리어트는 죽어 가고 있는 남편 빌에게 절규한다.

"시간을 끌면 끌수록 우리 모두가 더 비참해질 뿐이에요!"

빌은 "나와 결혼한 사랑스런 여인에게 무슨 일이라도 생겼습니까?"라고 묻는다. 해리어트는 탐방 기자에게 이같이 말한다.

"그 사랑스런 여인은 지금 남편의 암 때문에 고문을 당하고 있어요. 여덟 살 그리고 열 살짜리 아들 둘이 딸린 과부를 누가 원하겠어요? 전 그이가 죽기를 원치 않지만, 꼭 가야 할 길이라면, 왜 지금 당장 가 버리지 않는 겁니까?"

마지막 몇 주 동안을 함께 지내면서, 이 가족은 끝내 죽음에 대한 두려움에 대처하지 못한다. 그들은 서로에게 푸념하고 소리 지르며 서로 간의 사랑과 신뢰를 산산조각 내고 만다. 죽음의 망령은 너무도 크다.

반면, 죽음을 앞둔 56세의 한 흑인 침례 교회 담임 목사인 브라이언트(Bryant)는 이와 놀라운 대조를 이루고 있다.

"지금 이 순간이야말로 저에게 가장 위대한 순간입니다. 저는 록펠러도 저만큼 행복하지는 못할 것이라고 생각합니다."

촬영진은 브라이언트 목사가 회중에게 죽음에 대해 설교하는 것과 손자들에게 성경을 읽어 주는 모습 그리고 그의 고향인 남부로 여행가는 모습을 추적한다. 그는 단지 고통이 없는 곳, 본향을 향하여 가고 있을 뿐이라는 확신과 고요한 평정 상태를 보여 준다.

브라이언트 목사의 장례식에서 침례 교회 찬양대는 "그는 잠들고 있네"(He's Asleep)라는 찬송을 부른다. 그리고 조문객의 대열이 시신을 지날 때, 어떤 이들은 허리를 굽혀 그의 손을 잡거나 그의 가슴을 어루만지기도 한다. 그들은 한 사랑하는 친구를 잃었으나 그것은 잠시 동안의 이별일 뿐이다. 브라이언트 목사는 끝이 아니라 시작을 맞이하고 있는 것이다.

고통의 이러한 일시적인 특성을 고려하지 않고는 어떠한 토론도 불완전하다. 재주 좋은 논객이라면 고통은 좋은 것이라고, 하나님이 허용하실 수 있는 다른 어떤 길보다도 더 좋은 것이라고 상대방을 설득할 수 있을 법도 하다. 아마 그럴지도 모른다.

영원을 어떻게 상상해 볼 수 있을까? 영원은 이곳에서의 우리의 짧은 인생보다 훨씬 더 큰 것이어서 눈앞에 그려 보기조차 어렵다. 3미터 길이의 칠판, 이쪽 끝에서 저쪽 끝까지 분필로 선을 그어 보라. 그런 다음 그 선 위에 1센티미터 길이의 점을 표시하라. 그 1센티미터 길이의 점 중앙에 위치하고 있는 하나의 미세한 세균 세포에게는 그 선이 거대하게 보일 것이다.

그 세균 세포는 그 선의 길이와 넓이를 알아보는 데 일생을 보낼 수도 있다. 그러나 당신은 세균 세포가 아니라 사람이므로 몇 발자국 뒤로 물러서서 그 전체를 볼 수 있다. 이때 당신은 그 세균 세포가 자기 집이라고 부르는 그 작은 점에 비할 때 그 3미터 길이의 선이 얼마나 거대한지에 깜짝 놀랄 것이다.

이생에 비교한 영원도 이와 마찬가지다.

70년은 긴 시간이며, 우리는 하나님과 그분이 고난에 대해 얼마나 무관심해 보이는지에 관해 많은 개념을 발전시킬 수 있다. 그러나 우리가 지상에서 보내는 시간의 조각을 가지고 하나님과 우주를 위한 그분의 계획을 판단하는 것이 과연 합리적일까? 이것이 그 세균 세포가 자신의 생을 보내는 그 짧은 분필 자국 안에서 칠판 전체를 판단하는 것과 무슨 차이가 있을까? 그것은 과연 공정한 시도일까? 우리는 우주와 영원의 개념들을 잃어버린 것이 아닐까?

기독교의 시각으로 볼 때는 이 세상에서 보내는 시간만이 전부가 아니다. 지구는 하나의 실험대, 영원 안의 한 점이다. 그러나 예수님이 우리의 운명이 이곳에서의 우리의 순종에 달려 있다고 말씀하신 것을 고려할 때, 그것은 매우 중요한 점인 것이다. 바로 다음번에 당신은 비참한 세상에 대해 하나님을 비난하며 괴로운 절망 가운데 하나님을 향해 부르짖고 싶을지 모른다. 그때 당신은 기억해야 할 것이다. 당신이 갖고 있는 증거라고는 전체의 백만분의 일도 안 된다는 것을, 그리고 그 백만분의 일의 증거마저도 반역자의 깃발 아래 만들어지고 있다는 것을 말이다.

미완성품

작가 토머스 하워드(Thomas Howard)[1]는 고난의 진정한 아픔은 현재의 아픔이 아니라고 평했다. 순교자들이 현재의 고통을 견딜 수 있음을 증명했기 때문이다. 진정한 고통은 하나님이 눈을 감고 계신 것

같고 귀를 막고 계신 것 같은 상황이다. 우리는 성경에서 치유의 기사들을 읽으며, TV에서도 치유받는 사람들을 본다. 그런데도 우리 친척들 그리고 우리 자신의 몸은 병으로 퉁퉁 부어 있다. 하나님은 과연 어디 계신 것일까? 왜 그분은 우리를 피하고 계신 것일까? 어째서 그분은 응답하려 하지 않으시는 것일까?

우리가 여기서 얻는 응답은 깜깜한 침묵이다. 아무것도 없다.

성경도 우리에게 별 도움을 주지 못한다. 성경에는 나인성 과부의 아들을 고쳐 주신 사건만이 아니라 그냥 죽어 버린 다른 아들들도 등장하기 때문이다. 베드로는 감옥에서 풀려났지만, 세례 요한은 처형되었다. 바울은 사람들을 고쳐 주는 도구가 되었으나, 고침을 받으려는 자신의 기도는 거부되었다.

하워드는 우리의 이해를 돕기 위해 성경 구절 두 곳을 지적해 준다. 나사로의 장례 그리고 엠마오로 가는 길에서의 예수님의 죽음에 관한 이야기다. 여기에서 우리는 즉각 이런 이의를 제기할 수 있다.

"그건 좋다. 그렇지만 그 두 이야기는 모두 해피엔딩이 아닌가. 지상에서 그러한 극적인 결말을 가져오는 사건은 거의 없을 것이다."

그러나 우리는 이 이야기들에서 기다리는 법을 배워야 한다. 나사로의 시체가 무덤 속에서 썩고 그의 가족들이 예수님의 냉담한 듯한 모습에 실망의 눈물을 흘리던 나흘의 기간, 그리고 예수님의 제자들이 꿈꾸었던 왕국이 완전히 무너진 것을 깨닫게 되었던 그날들 말이다. 그 나흘이라는 기간은, 우리가 고통을 당하며 보내는 괴로운 기다림의 시간과 맞먹는다고 볼 수 있다.

이 낙담한 제자들은 전에 예수님이 사람들을 고쳐 주시는 것을 보았던 사람들이다. 주님이 왜 이번에는 기적을 행하지 않으셨을까? 그들에게 믿음이 없었기 때문이었을까? 그렇다면 어떻게 믿음을 가질 수 있을까? 하나님은 분명 그들을 고의적으로 지나쳐 버리신 것 같았다.

그러나 우리는 이야기가 어떻게 끝났는지를 알고 있다. 나흘 후에, 두 이야기 모두가 승리의 결말을 맞게 된다. 나사로도 다시 살아났고, 예수님도 부활하셨다. 모든 사람이 기뻐했다. 죽음이 있었기 때문에 더 멋진 이야기가 되었던 것이다. 하워드는 이 암흑의 며칠간에 대해서 이렇게 쓰고 있다.

요점은 바로 X일이라는 기간 동안 그들의 체험이 분명 패배의 체험이었다는 것이다. 그러나 슬프게도 우리에게는 그 'X일'이 크게 늘어날 수 있다. 그렇다면 우리와 그들, 즉 나사로의 죽음이라는 체험 앞에서의 마리아와 마르다 혹은 엠마오로 가는 두 사람 사이의 차이는 오직 양적인 차이일 뿐인데, 이 사실을 아는 것은 우리에게 별 위로가 되지 못한다.

"그들은 나흘을 기다려야 했다. 대신에 당신은 1년, 5년, 혹은 70년을 기다려야 할 뿐이다. 여기에 무슨 진정한 차이가 있겠는가?"

이것은 마치 고문대 위에 있는 어떤 사람에게, 그의 고통은 나의 손톱 거스러미의 고통과 오직 양적으로만 다를 뿐이라고 말하는 것과 같다.

양의 차이는 분명 있다. 그러나 아마도, 우리 중 마리아와 마르다 같은 체험을 하는 이들에게는 최소한 이 정도의 도움이 있을 것이다. 즉 그 신실한 성도들의 체험은 사실상 철저한 죽음의 체험을 포함했던 것이다. 이 점이야말로 전형적인 귀감의 일부인 듯하다. 따라서 죽음의 원인을 어떤 사람의 편에서 믿음이 떨어졌기 때문이라고 주장한다는 것은 그야말로 어려운 일일 것이다.[2]

마리아와 마르다 그리고 엠마오로 가는 두 제자가 아닌 우리도 개인적인 승리를 맛볼 것이다. 하나님께는 실수가 없다. 그분은 참새 한 마리가 땅에 떨어지는 것을 아시며, 모든 사람의 머리카락 숫자까지도 헤아리신다. 그분께 올린 모든 기도는 열납되었다. 심지어 공허하고 무익한 듯한 기도일지라도 말이다.

조지 맥도날드는 이렇게 말한다.

> 주님은 우리의 눈물을 씻어 주러 오셨다. 그분은 지금 그 일을 하고 계시다. 그분은 할 수 있는 한 속히 그 일을 마치실 것이다. 그리고 그때까지는 우리의 눈물이 원망 없이 흐르게 하려 하신다. 그 목적을 위해 그분은, 애통하는 것은 그 과정에서 오는 위로 때문에 복된 것이라고 우리에게 말씀하신다.
> 그분의 위로를 지금 받아들이라. 그리고 또한 가까운 장래에 있을 위로에도 대비하고 있으라.[3]

고통과 고난의 역할을 올바로 보려면 전체 이야기를 보아야 한다.

"여러분을 그리스도 안에 있는 그분의 영원하신 영광으로 부르신 모든 은혜의 하나님께서는 여러분이 잠시 고난을 겪고 난 후에 친히 여러분을 회복시키시고 여러분을 강하고 견고하고 굳세게 만드실 것입니다"(벧전 5:10, NIV, 역자 직역).

"우리의 이 환난과 고난들은 결국 아주 작은 것이며 그리 오래가지 않을 것입니다. 오히려 이 짧은 기간의 고난은 우리에게 영원토록 하나님의 풍성한 축복을 가져올 것입니다. 그러므로 우리는 지금 당장 우리 앞에 보이는 것, 우리를 둘러싸고 있는 괴로움들을 보지 않고 우리가 아직 보지 못한 천국에 있는 즐거움들을 기다립니다. 괴로움은 곧 지나갈 것이지만, 앞으로 올 즐거움은 영원토록 지속될 것입니다"(고후 4:17-18, 리빙 바이블, 역자 직역).

베드로와 바울은 그 최종 결과를 너무도 확신했기 때문에 그들의 사역, 건강, 생애 자체를 그리스도의 약속에 걸었다.

죽음과 출생

아이러니하게도 죽음이 실제로는 하나의 전이 또는 그리스도의 승리를 우리 각자가 소유하게 하는 큰 기쁨이 된다. 예수님은 자신의 죽음의 결과를 묘사하면서, 모든 것이 기쁨으로 대치되는 출산의 순간으로 비유하셨다(요 16:21).

우리 개개인의 죽음은 어쩌면 또 다른 출생으로 비유될 수 있다. 만일 당신이 태아로서 완전한 의식을 갖고 있어서 그 감각들을 지금까지 기억할 수 있다던 어떨지 상상해 보라.

당신의 세계는 어둡고, 안전하며, 든든하다. 몸은 충격을 막는 쿠션 장치와 같은 따뜻한 액체 안에 있다. 스스로 하는 일이란 아무것도 없다. 자동으로 음식물이 섭취되고, 조용히 들려오는 심장의 고동 소리는 당신보다 더 큰 이가 당신의 모든 필요를 채워 주고 있다는 확신을 준다. 당신의 생애는 단순한 기다림의 생애다. 무엇을 기다리는지는 확실히 모르지만, 어떠한 변화도 멀리 있는 것 같고 두렵기만 하다. 당신은 어떤 예리한 물체도, 어떤 고통도, 어떤 위협적인 모험도 만나지 않고 있다. 그것은 하나의 멋진 실재다.

어느 날 당신은 끌어당김을 느낀다. 벽이 무너져 내리고, 그 부드러운 쿠션은 이제 당신을 밑으로 누르고 있다. 당신의 몸은 반으로 접히고, 당신의 팔다리는 뒤틀리며, 당신은 거꾸로 떨어지고 있다. 당신의 생애에서 처음으로 느끼는 고통이다. 당신은 혼돈의 바다 한가운데 있다. 더 심한 압력, 너무 심해서 견딜 수 없을 정도의 압력이 있다. 당신의 머리는 갑작스럽게 눌리고, 어두운 터널 속으로 점점 더 심하게 빨려 들어간다. 이 고통, 소음 그리고 더 심한 압력.

당신은 온몸이 아프다. 신음 소리가 들리며, 무섭고 갑작스런 공포가 몰려온다. 사건이 벌어지고 있는 중이다. 당신의 세계는 무너지고 있다. 이제 끝장인 것이 분명하다. 당신은 꿰뚫고 들어오는 눈부신 빛을 본다. 차갑고 거친 손이 당신을 잡아당긴다. 아프게 때린다. 으아앙!

"축하합니다, 당신은 이제 막 태어난 것입니다."

죽음도 그와 같다. 이 출생의 운하의 끝은 무섭고 두렵고 고통으로 가득 차 보인다. 죽음은 하나의 터널이며, 우리는 강한 힘에 의해서 그쪽으로 빨려 들어가고 있다. 우리 중 어느 누구도 그것을 기다리지 않는다. 우리는 무서워한다. 그것은 압력, 고통, 어둠, 미지의 것들로 가득하다. 그러나 그 어둠과 고통 너머에는 완전히 새로운 세상이 있다. 우리가 죽은 후 그 밝은 새 세상 안에서 깨어날 때, 우리의 눈물과 아픔은 단지 추억들이 될 것이다.[4) 그리고 그 새 세상은 이 세상보다 훨씬 더 좋지만, 우리는 그 세상이 과연 어떤 곳일지를 이해할 만한 개념들을 갖고 있지 못하다.

성경 저자들이 우리에게 말해 줄 수 있는 가장 최선의 말은 "그때에는 우리에게 하나님의 침묵 대신에 하나님의 실재가 있을 것이며, 우리는 그분을 얼굴과 얼굴을 맞대고 보게 될 것"이라는 점이다. 그 때 우리에게는 하나의 돌이 주어질 것이며, 그 돌 위에는 새로운 이름, 다른 어느 누구도 알지 못하는 이름이 새겨져 있을 것이다. 우리의 새로운 피조물로의 출생은 완전한 것이 될 것이다(계 2:17).

때때로 하나님이 듣고 계시지 않다고 생각할 때가 있는가? 당신의 고통스런 울부짖음이 헛되이 사라진다고 생각하는가? 하나님은 듣지 못하시는 분이 아니다. 그분은 당신만큼 세상의 비극을 슬퍼하고 계신다. 그분의 독생자가 바로 여기서 돌아가셨다. 그러나 그분은 모든 것을 올바로 복구시키기로 약속하셨다. 그냥 사라져 버리는 것은 아무것도 없다.

바울은 다음과 같이 말했다.

> "우리가 현재 통과해야 할지도 모르는 그 어느 것이든 간에, 그것은 하나님께서 우리를 위해 계획해 놓으신 장엄한 미래와 비교할 때 전혀 아무것도 아닌 것입니다. 온 창조물은 하나님의 아들이 그들에게로 오실 그 놀라운 광경을 보려고 학수고대하고 있습니다. 눈이 있는 사람이라면 누구나 현재 모든 창조된 생명이 일종의 우주적인 산고 중에 신음하고 있음을 명백히 보고 있는 바입니다. 그리고 또 명백한 사실은, 성령님을 미리 체험한 우리도 고통스러운 긴장 상태 가운데 우리 몸의 구속, 즉 마침내 우리가 그분 안에서 온전한 아들 됨의 의미를 깨닫게 될 날을 기다리는 가운데 있다는 것입니다"(롬 8:18-19, 22-23, 필립스, 역자 직역).

어느 날 우리가 영원 가운데 한 점에 불과한 이 행성의 역사를 돌이켜 보게 될 때, 우리는 그것의 중요성이 아니라 그것의 미미함 때문에 놀랄 것이다. 안드로메다 은하에서 보면, 우리 태양계 전체의 대학살적인 붕괴는 멀리서 희긋하게 타오르다 영원한 암흑 속에 힘없이 스러져 가는 성냥 한 개비에 불과하다. 그런데 이 타 버린 성냥개비를 위해서 하나님은 자신을 희생하셨던 것이다.

벌코우(Berkouwer)의 말대로 "고통은 영원의 위대한 미완성품"으로 볼 수 있다. 그것은 우리에게 우리가 지금 어디에 있는지를 생각하게 해주며, 어느 날 우리가 있게 될 장소를 갈망하도록 북돋운다.

고통의 절정에서 욥은 말했다.

> "오, 누군가가 나의 말을 기록해 주거나 나의 말들을 끌로 바위 위에 새겨 주며 영원히 지속될 수 있게 써 줄 수 있다면…. 그러나 나는 아노라, 마침내 나의 변호자로 오실 그분이 천국에 계신 것을…. 나는 나의 두 눈으로 그분을 볼 것이며 그분은 내게 결코 낯설지 않으리"(욥 19:23 이하, GNT, 역자 직역).

어느 날 모든 상처와 모든 백혈병 세포와 모든 실패와 모든 아픔이 정돈되고, 희망을 가질 수 없는 데서 희망을 가졌던 그 처절한 순간들이 보상되리라는 것을 나는 믿을 수 있다.

내가 고통당할 때 하나님은 어디 계신가?

나는 내 삶의 많은 기간을 고통을 허용하시는 하나님을 비난하는 이들과 견해를 같이했었다. 고난은 뼛속 깊이 침투해 들어왔었다. 나는 이처럼 악한 세상을 합리화할 다른 방도를 찾지 못했다.

그러나 내 고통을 능가하는 심한 고통을 겪는 사람들을 만났을 때 나는 고통의 힘에 대해 놀랐다. 고난은 신의 존재를 부인하도록 만들 수도 있지만, 반대로 더욱 단단한 신앙을 만들 수도 있었다. 그리고 특히 한센병 환자들을 방문했을 때, 나는 세상에서의 고통의 중요한 역할을 확인할 수 있었다.

어쩌면 예수님이 재림하셔서 지구를 재창조하실 때까지는 고통에 대한 해답이 없을 것이다. 나는 그 커다란 소망을 갖고 살아가고 있다. 만일 내가 하나님은 폭군이 아니라 치료자이시라는 사실과, 그분은 "쉼 없이 고통받는 모든 신경의 존재를 느끼신다"는 사실을 진정으로 믿지 않는다면, 나는 즉시 고난의 비밀을 헤아려 보려는 모든 시도를 포기했을 것이다.

고통에 대한 나의 분노는 주로 다음 한 가지 이유에서 사라져 버렸다. 즉 나는 하나님을 알게 된 것이다. 그분은 나에게 기쁨과 사랑과 행복과 선을 주셨다. 그것들은 섬광처럼 나의 혼란스럽고 불의한 세계 가운데로 들어왔지만, 그것들의 존재는 나의 하나님이 신뢰할 만한 분이심을 내게 확신시켜 주기에 충분하고 또한 완전했다. 그분을 아는 것은 다른 모든 것을 견딜 만큼 가치가 있다.

나는 암 환자가 된 친구가 누워 있는 병실에 서 있을 때 결국 어떠한 입장이 될 것인가? 사실, 이 모든 고통에 대한 탐구는 병실에서 시작되었다. 결국 나의 입장은, '어떤 고난도 결코 소멸시킬 수 없는 하나님을 믿는 확고한 신앙' 바로 그것이다. 기독교는 실제 세상 가운데 살아가는 실제 사람들 사이에서 이루어지는 체험이다. 따라서 내게는 이 세상에서 고난의 역할을 단단히 붙잡게 하는, 안심시키는 몇 마디 말이 필요하다.

내가 고통당할 때 하나님은 어디 계신가?

하나님은 타락하고 반역적인 세상 가운데서도 여전히 그분의 창조 능력을 인증해 줄, 이 행성 위에서의 삶을 위해 우리를 무장시켜 줄 고통 체계를 고안하시면서 처음부터 거기 계셨다.

하나님은 우리가 위대한 인생의 예술품들을 조각해 내고, 강한 모험들을 시작하며, 고통과 즐거움이 뒤섞여 있는 이 세상, 이 둘이 너무 밀접하면 거의 분간할 수 없을 정도가 되는 그러한 세상을 견디고 살아 나가면서 그분의 형상을 닮아 가는 것을 보고 계셨다.

하나님은 고통을 가장 심한 형태로까지 사용하셔서 우리로 하여금 그분께로 향하도록 요구하시며 우리를 가르쳐 오셨다. 그분은 우리에게로 몸을 굽히사 승리를 이끌어 내셨다.

하나님은 자기 길을 계속 고집하려는 인간의 계획을 자비롭게도 허용하시면서 이 반역적인 행성이 존속해 나가는 것을 지켜보아 오셨다.

하나님은 우리가 우리 스스로 못쓰게 만든 세상을 가지고서 그분을 탓하면서, 더 크고 더 무섭게 분노하고 울부짖으며 욥이 한 말을 되풀이하도록 놓아두셨다.

하나님은 부자와 강자들이 흔히 꺼리는, 가난하고 고통받는 자들을 위한 나라를 세우시면서 친히 가난하고 고통받는 자들과 한편이 되어 주셨다.

하나님은 우리가 신체적인 고통에서 벗어나지 못하고 있을 때라도 우리의 영혼에 영양을 공급할 초자연적인 능력을 약속하셨다.

하나님은 우리와 하나 되셨다. 그분은 상처받으셨고, 피 흘리셨고, 우셨고, 고난당하셨다. 그분은 고통받는 자들의 고통을 함께 나누심으로 언제나 그들을 높여 주셨다.

하나님은 지금도 우리와 함께하심으로 우리를 돌봐주신다. 또한 하나님의 영과 교회의 머리이신 그리스도를 위해 지체들의 고통을 덜어 주라는 사명을 받은 지체들을 통해 우리를 보살피신다.

하나님은 능력 있는 군사들을 모으시며 기다리고 계신다. 어느 날 그분은 그들을 풀어놓으실 것이다. 세상은 온전한 승리를 맞이하기 전에 마지막 한 차례 고통이 폭발하는 광경을 보게 될 것이다. 그다음 그분은 우리를 위해 새롭고 믿기 어려운 세상을 창조하실 것이다. 그리고 고통은 더 이상 없을 것이다.

"보라 내가 너희에게 비밀을 말하노니 우리가 다 잠잘 것이 아니요 마지막 나팔에 순식간에 홀연히 다 변화되리니 나팔 소리가 나매 죽은 자들이 썩지 아니할 것으로 다시 살아나고 우리도 변화되리라 이 썩을 것이 반드시 썩지 아니할 것을 입겠고 이 죽을 것이 죽지 아니함을 입으리로다 이 썩을 것이 썩지 아니함을 입고 이 죽을 것이 죽지 아니함을 입을 때에는 사망을 삼키고 이기리라고 기록된 말씀이 이루어지리라 사망아 너의 승리가 어디 있느냐 사망아 네가 쏘는 것이 어디 있느냐"(고전 15:51-55).

주

1. 고통보다 더 끔찍한 고통의 이유
1) 클라우디아의 문제는 마침내 코발트 요법을 이용해 암세포를 효과적으로 파괴함으로써 해결되었다. 그 후 5년이 지났으며, 암은 재발되지 않았다.
2) C. E. M. Joad, *God and Evil* (New York: Harper and Brothers Publishers, 1943), p. 28.

Part 1 | 왜 고통이 존재할까?

2. 필요하지만 아무도 원치 않는 선물
1) 폴 브랜드 박사는 권위 있는 알버트 래스커 의학상 수상자이며, 엘리자베스 여왕에 의해 대영제국의 사령관으로 임명되었다. 그의 전기 작가 도로시 클라크 윌슨(Dorothy Clarke Wilson)의 저서 『하나님의 열 손가락』(*Ten Fingers for God*)에 수록되어 있다.
2) R. J. Christman, *Sensory Experience* (Scranton, Pa.: Intext Educational Publishers, 1971), p. 359.
3) Ibid., p. 361.
4) 피부의 감각 기관들은 놀랄 만큼 민감하지만, 그럼에도 색깔과 진동의 변화를 감지하는 감각 기관들인 눈과 귀의 민감도에 비하면 훨씬 둔하다. 촉감을 유도하는 데는 청각이나 시각을 유발하는 데 드는 에너지의 일억 내지 백억 배의 에너지가 든다.
5) 과학자들은 신경 구조의 또 다른 현상을 측정했는데, 이것은 '두 지점 역치'라 불린다. 고통 감각 세포들은 셀 수 없이 많지만, 몸 전체 여기저기에 흩어져 있지 않다. 그것들은 정확히 우리가 필요로 하는 숫자만큼 존재한다. '두 지점 역치 실험'이란 눈을 가린 한 사람의 피부에 두 개의 핀이나 강모를 찔러서 피부의 민감도를 측정하는 것으로, 두 핀의 거리가 얼마나 좁혀져야 비로소 그 사람이 한곳을 찌른 것처럼 느끼는지를 알아보는 것이다. 바꾸어 말하면, 이 실험은 개개의 고통 감각 기관들이 어느 정도 가까이 놓여 있는지를 설명해 준다.

다리를 예로 든다면 두 개의 단이 68밀리미터의 거리 이내로 좁혀지면 나는 두 군데의 찌름을 따로따로 분간해 낼 수 없게 된다. 그러나 손등에서는 32밀리미터의 거리에서 두 군데의 찌름을 분간할 수 있으며, 손가락 끝의 경우는 단 2밀리미터의 거리에서도 분간할 수 있다. 혀끝에서 두 군데의 찌름을 분간할 수 있는 거리는 단 1밀리미터다. 이것은 음식물이 치아 사이에 끼었을 때 느끼는 일반적인 현상을 설명해 준다. 즉 혀로는 그 음식물이 어느 틈에 끼었는지를 재빨리 찾아낼 수 있다. 그러나 손가락 끝으로 그 음식물의 위치를 찾아내기란 어렵다. 손가락으로는 치아와 치아 사이의 간격이 혀보다 '더 좁게' 느껴지기 때문이다. Maurice Burton, *The Sixth Sense of Animals* (New York: Taplinger Publishing Company, 1972), p. 9.

3. 고통이 없기 때문에 힘든 사람들
1) 환자들은 '한센병'이라는 용어를 더 좋아하는데, 이 단어가 '나병'이라는 단어와는 달리 사회적, 도덕적으로 치욕감을 주지 않기 때문이다.
2) 한센병은 너무 무서운 병이어서 대중에게 그 진상을 일깨우는 일이 불가능했다. 그러나 카빌의 환자들은 전염병 가운데서 한센병이 아마도 가장 전염성이 낮으며 전체 주민의 90퍼센트가 면역이 되어 있다고 설명한다. 감염된 환자들과 매일 접촉하고 있음에도 90년이라는 운영 기간 동안 단 한 명의 노동자만이 이 마을에서 한센병에 걸린 것으로 알려져 있다. 그런데 그 사람도 특정 지역에서 살아 온 사람이므로, 카빌 마을에서 일하기 이전에 이미 이 병이 잠복, 감염되어 있었다고 추정된다.

4. 하나님의 확성기로서 고통의 가치
1) R. J. Christman, *Sensory Experience* (Scranton, Pa.: Intext Educational Publishers, 1971), p. 359.
2) 그의 이야기는 「내셔널 지오그러픽」(*National Geographic*) 지에 실린 세 차례의 기사를 통해 널리 알려졌다. 후에 그의 사연은 "도브"(*Dove*)라는 제목의 책과 영화로 유명해졌다.

5. 가장 깊은 차원의 고통과 즐거움의 관계

1) G. K. Chesterton, *Orthodoxy* (Garden City, N.Y.: Doubleday and Company, Inc., 1959), p. 144.
2) Jay Kesler and Tim Stafford, *I Never Promised You a Disneyland* (Waco, Tex.: Word Books, Inc., 1975), p. 85.
3) Chesterton, *Orthodoxy*, p. 78.
4) Ibid., p. 80.

6. 변덕스럽고 불공평해 보이는 하나님

1) "A Luckless City Buries Its Dead," *Time*, June 7, 1976.
2) "선을 행하면 상을 받고 악을 행하면 벌을 받는다"는 철학이 왜 구약에서 그렇게나 자주 반복되어 나오는가에 대한 몇 가지 좋은 설명들이 제시되어 왔다. 어떤 사람들은 구약 시대의 역사에서는 하나님이 목표를 성취하시는 데 그러한 양식이 필요했다고 말한다. 하나님은 세상에서 자신이 선택한 백성으로 이루어진 국가를 세우는 일을 하고 계셨는데, 그 국가는 세상의 다른 어느 국가들과도 대조되는 뛰어난 국가, 앞으로 오실 메시아를 예비하게 될 국가였던 것이다. 그런 면에서 하나님은 인간의 역사적 사건들에 적극적으로 관여하셨다.

하나님의 장기적인 계획은 물론 그리스도를 통한 세상의 구속 사역이었다. 그러나 그 계획을 이루시는 단계들 가운데 하나로서 하나님은 정의와 공평의 한 거점을 세울 필요가 있으셨다. 이스라엘이 그 계획에 대항하여 반역하자 하나님은 벌을 내리셨다.

3) John W. Wenham, *The Goodness of God* (Downers Grove, Ill.: Inter-Varsity Press, 1974), p. 73.
4) Albert Camus, *The Plague* (New York: Vintage Books, 1972), p. 203.
5) John Hick, *Philosophy of Religion* (Englewood Cliffs, N.J.: Prentice-Hall, Inc., 1963), chap. 3.
6) C. S. Lewis, *The Problem of Pain* (New York: The Macmillan Company, 1962), pp. 39-40, 42.

Part 2 | 고통을 만났을 때 사람들은 어떻게 할까?

7. 고통에 반응하는 서로 다른 태도
1) 나는 여기서 고통의 역할을 "우리를 하나님께로 향하게 함"이라는 전반적인 유익으로 요약했다. 하지만 그 안에 포함되었다고 볼 수 있는 것들로서, 성경은 고난이 우리의 유익을 위해 사용될 몇 가지 방법들을 다음과 같이 보여 준다.
예를 들면 고난은,
① 우리의 믿음을 순수하게 만들고(벧전 1:5-7)
② 우리를 성숙시키고(약 1:2-4)
③ 하나님의 역사를 나타내 보일 기회를 주고(요 9:1-3)
④ 우리를 그리스도의 형상으로 변화시키며(롬 8:28-29)
⑤ 우리 안에 인내와 인격을 만들어 낸다(롬 5:3-5).
마르틴 루터(Martin Luther)가 이 주제로 발표한 탁월한 논설이 그의 저술집 *Tappert's collection*의 제1권 "선한 일꾼들에 관한 논문"(*Treatise on Good Workers*), p. 110에 수록되어 있다.
2) 메리의 이야기는 도로시 클라드 윌슨의 저서 『나의 손을 잡으소서』(*Take My Hands*)에 수록되어 있다.
3) Elie Wiesel, *Night* (New York: Avon Books, 1969), p. 9.
4) Ibid.
5) Ibid., pp. 8-9.
6) Ibid., p. 10.

8. 기적을 굳게 믿는 확고한 믿음
1) Brian Sternberg with John Poppy, "My Search for Faith," *Look*, March 10, 1964, pp. 79-80.
2) Ibid.

주 245

9. 고통 너머의 새롭고 놀라운 삶

1) 조니의 이야기는 조니 에릭슨(Joni Eareckson)과 조 무서(Joe Musser) 공저, 『조니』(*Joni*, Zondervan, 1976)에 수록되어 있다.

10. 고난에 성공적으로 대처한 사람들

1) 미시시피에서의 존 퍼킨스의 활약에 대한 이야기는 *Let Justice Roll Down* (Gospel Light Publishers, 1976)에 수록되어 있다.
2) C. S. Lewis, *The Problem of Pain* (New York: The Macmillan Company, 1962), p. 108.
3) Richard Batey, *Jesus and the Poor* (New York: Harper & Row, Publishers, 1972), p. 19.
4) George MacDonald, *Life Essential* (Wheaton, Ill.: Harold Shaw Publishers, 1974), pp. 43-44.
5) 이것은 존 던의 기도서 내용을 의역한 것이다.
6) Paraphrase from John Donne, *Devotions* (Ann Arbor, Mich.: University of Michigan Press, 1959), pp. 15-16.

Part 3 | 어떻게 고통에 대처할 수 있을까?

11. 절망으로 인도하는 두려움과 무력감

1) James D. Hardy and Harold G. Wolff and Helen Goodell, *Pain Sensations and Reactions* (New York: Haffner Publishing Co., 1967), pp. 299-301.
2) Donne, *Devotions* (Ann Arbor, Mich: University of Michigan Press, 1959), p. 36.
3) Douglas Colligan, "That Helpless Feeling: The Dangers of Stress," *New York*, July 14, 1975, p. 28.

4) Ibid., p. 30.
5) Ibid.

12. 두려움과 무력감을 없애는 특별한 방법
1) George Mangakis, "Letter in a Bottle," *Atlantic Monthly*, October 1971, p. 253.

13. 결코 혼자가 아닌 고통의 순간들
1) Robert Coles, *Children of Crisis, Vol. 2: Migrants, Mountaineers, and Sharecroppers* (Philadelphia: Atlantic Monthly Press, 1967-1971).
2) Dorothy L. Sayers, *Christian Letters to a Post-Christian World* (Grand Rapids, Mich.: William B. Eerdmans Publishing Company, 1969), p. 14.
3) 다음에 나오는 묘사는 도로시 클래크 윌슨 저, 『하나님의 열 손가락』에서 부분적으로 인용한 것이다.
4) T. S. Eliot, *Collected Poems 1904-1962* (New York: Harcourt, Brace & World, Inc.), p. 187.

14. 실수투성이 인간을 끝까지 닦는 믿음
1) Dorothy Clark Wilson, *Ten Fingers for God* (New York: McGraw-Hill Book Co., 1965), pp. 145ff.
2) Donne, *Devotions*, pp. 107-109.

15. 절대로 실수하지 않으시는 하나님
1) Thomas Howard, "On Brazen Heavens," *Christianity Today*, December 7, 1973, pp. 8-11.
2) Ibid., pp. 9-10.
3) MacDonald, *Life Essential*, p. 54.
4) 이 비유는 조셉 베일리의 글에서 인용한 것이다.

사명선언문

너희가 흠이 없고 순전하여……세상에서 그들 가운데 빛들로
나타내며 생명의 말씀을 밝혀 _ 빌 2:15–16

1. 생명을 담겠습니다
만드는 책에 주님 주신 생명을 담겠습니다.
그 책으로 복음을 선포하겠습니다.

2. 말씀을 밝히겠습니다
생명의 근본은 말씀입니다.
말씀을 밝혀 성도와 교회의 성장을 돕겠습니다.

3. 빛이 되겠습니다
시대와 영혼의 어두움을 밝혀 주님 앞으로 이끄는
빛이 되는 책을 만들겠습니다.

4. 순전히 행하겠습니다
책을 만들고 전하는 일과 경영하는 일에 부끄러움이 없는
정직함으로 행하겠습니다.

5. 끝까지 전파하겠습니다
모든 사람에게, 땅 끝까지, 주님 오시는 그날까지
복음을 전하는 사명을 다하겠습니다.

서점 안내

광화문점	서울시 종로구 새문안로 69 구세군회관 1층 02)737-2288 / 02)737-4623(F)
강남점	서울시 서초구 신반포로 177 반포쇼핑타운 3동 2층 02)595-1211 / 02)595-3549(F)
구로점	서울시 동작구 시흥대로 602, 3층 302호 02)858-8744 / 02)838-0653(F)
노원점	서울시 노원구 동일로 1366 삼봉빌딩 지하 1층 02)938-7979 / 02)3391-6169(F)
일산점	경기도 고양시 일산서구 중앙로 1391 레이크타운 지하 1층 031)916-8787 / 031)916-8788(F)
의정부점	경기도 의정부시 청사로47번길 12 성산타워 3층 031)845-0600 / 031)852-6930(F)
인터넷서점	www.lifebook.co.kr